# A nossa ressurreição na morte

Este livro foi originalmente publicado com o título
*A ressurreição de Cristo – A nossa ressurreição na morte*

## FICHA CATALOGRÁFICA
*(Preparada pelo Centro de Catalogação-na-fonte do
Sindicato Nacional dos Editores de Livros, RJ)*

|       | Boff, Leonardo 1938- |
|-------|---|
| B66r  | A nossa ressurreição na morte. 11. ed. Petrópolis, Vozes, 2012. |
|       | Bibliografia. |
|       | ISBN 978-85-326-1752-1 |
|       | 1. Jesus Cristo – Ressurreição. 2. Ressurreição. I. Título. II. Série. |
| 72-0096 | CDD 17ª e 18ª-236.8 |

Leonardo Boff

# A nossa ressurreição na morte

EDITORA
VOZES
Petrópolis

© by Animus / Anima Produções, 2004
Caixa Postal 92.144 – Itaipava
25741-970 Petrópolis, RJ
www.animus/anima.com
Brasil

Direitos de publicação em língua portuguesa:
Editora Vozes Ltda.
Rua Frei Luís, 100
25689-900 Petrópolis, RJ
Internet: http://www.vozes.com.br
Brasil

Assessoria Jurídica e Agenciamento Literário: Cristiano Monteiro de Miranda
(21) 9865-5335
mailto: crismiran@hotmail.com

Todos os direitos reservados. Nenhuma parte desta obra poderá ser reproduzida
ou transmitida por qualquer forma e/ou quaisquer meios (eletrônico ou
mecânico, incluindo fotocópia e gravação) ou arquivada em qualquer sistema ou
banco de dados sem permissão escrita da Editora.

**Diretor editorial**
Frei Antônio Moser

**Editores**
Aline dos Santos Carneiro
José Maria da Silva
Lídio Peretti
Marilac Loraine Oleniki

**Secretário executivo**
João Batista Kreuch

*Projeto gráfico*: Sheilandre Desenv. Gráfico
*Capa*: Adriana Miranda

ISBN 978-85-326-1752-1

Editado conforme o novo acordo ortográfico.

Este livro foi composto e impresso pela Editora Vozes Ltda.

*Às Irmãs do Sion em Caititu, Correias,*
*cuja jovialidade testemunha a alegria da esperança cristã.*

## *Canção à morte*

Eu espero a morte como se espera o Bem-Amado.
Não sei quando virá, nem como virá.
Mas eu espero.
E não há medo nesta expectativa.
Há somente ânsia e curiosidade
porque a Morte é bela.
Porque a Morte é uma porta
que se abre para lugares
desconhecidos,
mas imaginados.
Como o amor,
nos leva para um outro mundo.
Como o amor,
começa para nós outra vida
diferente da nossa.
Eu espero a Morte como se espera o Bem-Amado.
Porque eu sei que um dia ela virá
e me receberá
em seus braços amigos.
Seus lábios frios tocarão a minha fronte,
e sob a sua carícia
eu adormecerei o sono da eternidade.
Como nos braços do Bem-Amado.
E esse sono será
um ressurgimento.
Porque a Morte é a Ressurreição,
a Libertação,
a Comunicação total
com o Amor total.

Maria Helena da Silveira (1922-1970)
Poesia inédita escrita em 1944,
aos 22 anos de idade.

# SUMÁRIO

I. EM BUSCA DO HOMEM NOVO, 11

    1. O homem novo no pensamento selvagem, 11

    2. O homem novo no pensamento científico, 15

    3. O homem novo na experiência cristã, 18

II. A EMERGÊNCIA DO HOMEM NOVO, JESUS
RESSUSCITADO, NO CRIVO DA TEOLOGIA CRÍTICA, 23

    I. INTERPRETAÇÕES DA FÉ NA RESSURREIÇÃO NA
TEOLOGIA PROTESTANTE, 25

        1. *R. Bultmann:* Ressurreição não é um fato histórico,
mas expressão do significado da cruz, 26

        2. *W. Marxsen:* A ressurreição não é um fato histórico,
mas uma interpretação das aparições condicionada pelo
horizonte apocalíptico, 30

        3. *W. Pannenberg:* A ressurreição é realmente uma
interpretação das aparições, porém insubstituível,
atingindo o fato histórico, 35

    II. INTERPRETAÇÕES DA FÉ NA RESSURREIÇÃO NA
TEOLOGIA CATÓLICA, 39

        1. *Tendência tradicional:* A ressurreição é
indiferenciadamente um fato histórico, 40

        2. *Tendência da exegese moderna positiva:* A ressurreição é
um fato de fé da Igreja primitiva, 41

        3. *Tendência da exegese hermenêutica:* A ressurreição é
indiretamente um fato histórico anunciado dentro das
categorias da época, 43

4. *H.R. Schlette:* A ressurreição é uma interpretação retroativa sobre a vida de Jesus, 48

III. CONCLUSÃO, 50

## III. O CAMINHO DA EXEGESE CRÍTICA SOBRE OS TEXTOS DA RESSURREIÇÃO, 51

1. Como era a pregação primitiva sobre a ressurreição?, 51

2. Donde veio a convicção dos apóstolos na ressurreição de Jesus?, 56

a) O sepulcro vazio não deu origem à fé na ressurreição, 57

b) As aparições de Cristo, origem da fé na ressurreição, 61

3. Tentativa de reconstrução dos acontecimentos pascais, 66

## IV. REFLEXÕES DE ORDEM SISTEMÁTICA: O EMERGIR DO NOVO ADÃO, 69

1. Nosso horizonte de compreensão e fé na ressurreição, 69

2. A ressurreição de Jesus: uma utopia humana realizada, 71

3. A novidade do homem novo, 76

4. Conclusão, 78

## V. A NOSSA RESSURREIÇÃO NA MORTE, 81

I. MORTE E RESSURREIÇÃO, E SUA LEITURA NAS ANTROPOLOGIAS BÍBLICA E GREGA, 83

1. A solução conciliadora da teologia católica clássica, 83

2. A morte no pensar platônico e no pensar semita, 87

3. A experiência da ressurreição de Cristo como novo horizonte para a antropologia, 89

    a) Categorias antropológicas semitas e ressurreição, 90

    b) Quando se dará a ressurreição?, 93

II. RELEITURA DA RESSURREIÇÃO DENTRO DA ANTROPOLOGIA DE HOJE, 98

1. Observação metodológica: a tipicidade do pensar teológico, 99

2. A personalidade como unidade de dimensões plurais, 101

3. O homem, unidade corpo-alma, 106

4. Aproximação bíblica: o homem, unidade de situações existenciais, 108

5. A consciência histórica da Igreja: o homem é uma unidade imortal, 112

6. O homem-corpo, nó de relações com todo o universo, 115

7. A morte como evento biológico e como evento pessoal, 116

8. A morte como cisão, 117

9. A morte como de-cisão, 122

10. A morte como fenômeno natural e como consequência do pecado, 124

III. A RESSURREIÇÃO DO HOMEM NA MORTE, 127

1. Como se articula a antropologia com a ressurreição?, 127

2. A ressurreição da identidade corporal e não material do homem, 130

3. O homem ressuscita também na consumação do mundo, 134

VI. CONCLUSÃO, 137

*Livros de Leonardo Boff*, 139

# Em busca do homem novo

Mais que em outros tempos, nossa época se caracteriza pela preocupação do futuro e, nas penumbras dele, vislumbrar o homem de amanhã. Todos são nisso unânimes: o homem de hoje é alguém que deve ser superado. O verdadeiro homem é ainda um projeto. Ele não nasceu. Está latente dentro dos dinamismos da evolução. Essa busca do homem novo talvez seja um desses anseios que jamais fizeram progresso na história da humanidade. É uma constante permanente de cada cultura, seja na sua expressão mítica no pensamento selvagem, seja na sua formulação dentro do horizonte das utopias científicas do pensamento objetivo da Modernidade[1].

## 1. O homem novo no pensamento selvagem

O pensamento mesopotâmico produziu a epopeia de Gilgamés[2], interessante por nela se relatar também a criação do

---

1. Cf. o livro que recolhe enorme material acerca do tema: MÜHLMANN, W. *Chiliasmus und Nativismus* – Studien zur Psychologie, Soziologie und historischen Kasuistiki der Umsturzbewegungen. 2. ed. Berlim, 1964. • BLOCH, E. *Das Prinzip Hoffnung*. 2. vols. Frankfurt: [s.e.], 1959.

2. Cf. HEIDEL, A. *The Gilgamesh Epic and Old Testament Parallels*. Chicago: [s.e.], 1954. • CONTENAU, G. *Le déluge babylonien*. 2. ed. Paris: [s.e.], 1952 p. 192-200.

mundo e o dilúvio, à semelhança dos relatos bíblicos. Angustiado pelo drama da morte Gilgamés busca a árvore da vida que restitui a jovialidade ao homem velho e mortal. Quer juntar-se a Uta-Napishtim, herói do dilúvio, que os deuses imortalizaram, colocando-o numa ilha maravilhosa. A ele Gilgamés suplica o segredo da vida eterna. Em sua caminhada impossível, o deus Sol (Shamash) ironicamente o apostrofa: "Para onde corres, Gilgamés? A vida que procuras jamais a irás encontrar"![3] A divina ninfa Siduri também o adverte: "Quando os deuses criaram a humanidade, deram-lhe como destino a morte. Eles retiveram a vida eterna em suas mãos. Gilgamés, enche o ventre, goza a vida de dia e de noite [...] Alegra-te com o pouco que tens em tuas mãos"[4]. Gilgamés não se deixa dissuadir. Chega à ilha maravilhosa do homem imortal. Ganha a árvore da vida. E regressa. No retorno a serpente bafeja com seu hálito a árvore da vida e lha rouba. O herói desiludido morre como todos e vai ao "país onde não há retorno, onde a comida se constitui de pó e barro e os reis são despojados de suas coroas"[5]. O homem permanecerá sempre o mesmo, sob o signo férreo da morte. Sonhará com a imortalidade e novidade de vida. Mas não passa de um sonho.

A civilização egípcia foi por excelência uma civilização centrada sobre o tema da morte e da imortalidade[6]. Profes-

---

3. Tabula X. In: HEIDEL, A. Op. cit., p. 69.

4. Ibid., p. 70.

5. Tabula VII, col. 4. In: HEIDEL, A. Op. cit., p. 60-61; p. 99-101.

6. Cf. CROATO, S. "A esperança de imortalidade nas grandes cosmovisões do Oriente". *Concilium* 60 (1970), p. 1.220-1.230, esp. p. 1.224-1.227.

sa-se nela um otimismo que transcende, no seu conjunto, à mensagem dos livros mais antigos do Antigo Testamento: ao homem bom é prometida vida próspera e nova num outro mundo, no convívio com os deuses Osíris, Horos, Rê e Atum. O embalsamamento dos cadáveres era uma réplica do que acontecia no além: a personalidade consciente (ba) permanece na imortalidade unida ao corpo (jet) e ao seu princípio animador, de origem divina (ka).

O judaísmo bíblico criou o relato do paraíso que é uma profecia do futuro, projetada no passado[7]. Aí se pinta o homem e seu mundo como serão amanhã: o homem matinal, na limpidez de sua relação harmoniosa com o mundo e com Deus, onde não haverá mais a dominação do marido sobre a mulher, nem as dores do parto, nem a seca, nem o trabalho escravo, nem a ameaça dos animais, nem a religião do medo, nem a morte. A pátria do homem será o jardim de Deus (Ez 31,7-9.16.18; 36,35 – textos que influenciaram na elaboração de Gn 2–3), numa situação de paz total entre o homem e a natureza (Is 11,6-9) e os homens consigo mesmos e com Deus (Jr 24,7; 32,39; 31,34). Tudo será novo e paradisíaco (Is 66,22; 65,17; cf. Is 11,9 – textos que também influenciaram na elaboração de Gn 2–3). O homem que Deus quis está sendo ainda plasmado em suas mãos e pelas mãos dos próprios homens na história. Mas um dia ele nascerá, totalmente, imagem e semelhança do Criador (Gn 1,26). Essa é a grande esperança do Antigo Testamento.

---

7. MESTERS, C. *Paraíso terrestre*: Saudade ou esperança? Petrópolis: Vozes, 1971, p. 47-48.

Os nossos tupi-guaranis e apapocuva-guaranis criaram a utopia da "terra sem mal" (yu marae) e da "pátria da imortalidade". Pesquisas históricas e antropológicas recentes[8] mostraram que esses índios viviam em constante mobilidade: da costa de Pernambuco, de repente, deslocavam-se para o interior das selvas até às nascentes do Madeira; do interior da selva amazônica outro grupo se punha em marcha até atingir o Peru; dos limites com o Paraguai outro grupo se movia até à costa atlântica, e assim por diante. Por muito tempo essas migrações permaneceram misteriosas e inexplicáveis aos antropólogos. O estudo de seus mitos, contudo, veio revelar um dado esclarecedor: o mito da "pátria da imortalidade" punha em marcha toda a tribo. O pajé profetizava: a "terra sem mal" irá aparecer no mar. E para lá rumavam esperançosos. Com danças, ritos e jejuns criam tornar leve o corpo e ir ao encontro, nas nuvens, da pátria da imortalidade. Desiludidos regressavam para as selvas e lá aguardavam no coração da terra o emergir da utopia, com a destruição deste velho mundo.

A expressão é selvagem. A linguagem é mítica. Mas ambas revelam o mesmo princípio-esperança que dilacera o coração do homem, como o sentimos nós hoje dentro de outro horizonte de experiência.

---

8. Cf. SCHADEN, E. O mito do paraíso na cultura e na vida Guarani. In: *Aspectos fundamentais da cultura Guarani* (Univ. S. Paulo, Faculdade de Filosofia, Ciências e Letras, Boletim n. 188). São Paulo, 1954, cap. X. • MÉTRAUX, A. "Migrations historiques des Tupi-Guarani". *Jr. de la Soc. des Américainistes,* N.S. 19 (1927), p. 1-45. • LINDING, W.H. Wanderungen Der Tupi-Guarani Und Eschatologie Der Apapocuva-Guarani. In: MÜHLMANN, W.E. *Chiliasmus und Nativismus.* 2. ed. Berlim: [s.e.], 1964, p. 19-40.

## 2. O homem novo no pensamento científico

O homem de hoje não aguarda do céu o surgir do homem novo. Ele tenta criá-lo com os meios que as ciências e a manipulação biológica lhe fornecem. Nos nossos dias o experimento-humanidade está em processo: as manipulações para se lograr um controle da natalidade, a imunização contra doenças genéticas, os transplantes de órgãos e tecidos, a inseminação artificial, que nos Estados Unidos chega à ordem de 25.000 por ano[9], a criação de embriões *in vitro* como os célebres experimentos dos professores Daniele Petruci de Bologna e de Landrum Shettles da Universidade de Colúmbia, a manipulação sobre o cérebro humano e melhoramento genético através de mutações cromossomáticas, dão prova da extensão da pesquisa. Será que tudo isso se processa à revelia dos princípios éticos e de uma correta interpretação do homem e de sua posição no mundo? Essa pergunta se tornará ainda mais angustiante se ouvirmos as prognoses hiperentusiásticas de não poucos biólogos e geneticistas. Herman J. Müller, Prêmio Nobel de Medicina, fala de bancos de sêmen humano, descritos com seu *pedigree* exato em catálogos a serem fornecidos às mães potenciais[10]. Rostand prevê o tempo em que crianças humanas receberão uma dose padrão de ADN que lhes transmita as qualidades físicas e intelectuais mais desejáveis. I.B.S. Haldane, biólo-

---

9. Cf. o meu artigo "A manipulação biológica do homem". *Vozes* 65 (1971), p. 631-641 com a bibliografia aí citada especialmente os 5 vols. de OVERHAGE, P. *A caminho da pós-humanidade*. Petrópolis: Vozes, 1971; para o caso citado cf.: *Time*, abril 19, 1971, p. 28.

10. Cf. KAUFMANN, R. *Die Menschenmacher*. Hamburgo: [s.e.], 1964, p. 17s.

go inglês, prognostica a criação de homens para viagens espaciais, homens que não possuem pernas, que não precisam se alimentar muito e que podem suportar altíssimas velocidades. "Para corpos celestes com grande gravitação, como, por exemplo, Júpiter, poderiam ser de vantagem homens de pernas curtas ou de quatro pernas." Th. Löbsack pensa que "nada, teoricamente, nos poderá impedir de criar homens que vivam no fundo dos oceanos ou tais que possam emigrar para outros planetas e fazer deles sua nova pátria". Nathan Line e Mandred Clynes do Rockland-State-Hospitals de Nova York sugerem a produção de seres metade-máquinas-metade-homens, mais adaptados às viagens espaciais. Atwood vê a possibilidade de criar uma síntese de qualidades vegetais e animais no homem. Com isso nasceriam seres "com grande cérebro para poder dedicar-se à filosofia, e ao mesmo tempo com um campo fotosintético nas costas, o que dispensaria a necessidade de alimentar-se". Ele vê ainda outras possibilidades: "Em lugar de um sistema complexo fotossintético poderíamos implantar no conjunto haploide de cromossomos humanos uma série-ADN com a informação para a enzima-celulose. Neste caso, os indivíduos estariam em condições de alimentar-se de papel ou de serragem, porque possuiriam a enzima-celulose para digerir celulose como já o conseguem vacas e térmitas com o auxílio de microrganismos"[11]. Desta forma e com a total manipulação genética poder-se-ia criar o verdadeiro su-

---

11. Exemplos tirados de OVERHAGE, P. *A caminho da pós-humanidade* – Experimento-humanidade, I. Op. cit., p. 85-89 e de HASENFUZ, J. "Biologische Atom-bombe. Der manipulierte Mensch". *Deutsche Tagespost* n. 152 (1966), p. 18.

per-homem, totalmente liberto de qualquer tara ou defeito físico, um corpo de César com alma de Cristo, com capacidade extraordinária de doação, amor, simpatia, equilíbrio, retidão e sensibilidade para os valores éticos e com uma profunda experiência religiosa. Como transparece nessas visões, que certamente muito têm de utópico e até de ingênuo, o homem se encontra diante de um terrível paradoxo, como o notou muito bem o grande biólogo Dobzhansky: "É o sucesso impressionante da evolução não só biológica, mas também cultural de nossa espécie que faz espalhar perigos e talvez até os germens da aniquilação própria"[12]. Impressionante é o testemunho do grande biólogo francês Jean Rostand em seu livro *Inquietudes d'un biologiste*: "Os três verbos: ser, procriar, morrer não têm mais o mesmo conteúdo, depois dos últimos desenvolvimentos da ciência que nos trazem muitas vantagens, mas também muitas ameaças diretas. As próprias vantagens nos criam escrúpulos terríveis: as descobertas, entusiásticas para o biólogo, são, muitas vezes, desconcertantes para os moralistas"[13].

Diante de tais experimentos se esvaziam os conceitos clássicos de moral. Parece que é impraticável uma plena coibição do experimento-humanidade. Ela está se processando irresistivelmente. Urge criar uma visão religiosa e ética no homem que o capacite a orientar para uma maior humanização o tremendo instrumentário manipulador de que dispõe. A automanipulação para uma maior libertação físico-psíquico-pessoal da espécie humana não é em si ilegíti-

---

12. OVERHAGE, P. Op. cit., p. 34.

13. APPOLONIO, U. *O homem no ano 2000*. Petrópolis: Vozes, 1971, p. 25.

ma. Antes pelo contrário, parece-nos que emerge da própria tarefa imposta por Deus ao homem de subjugar e dominar a natureza. O homem, imagem e semelhança de Deus, foi criado para poder, na liberdade, cujas dimensões hoje atingem até o mundo genético, criar-se a si mesmo, primeiro diante de Deus com sua decisão e automanipulação para o bem ou para o mal, depois diante de seu próprio mundo hominizado, na fase psicossocial da evolução, e, por fim, diante dos próprios condicionamentos biológicos. Em seu persuasivo livro *Come, Let Us Play God* (Vamos, brinquemos de Deus, 1969)[14] o biofísico Leroy Augenstein afirma que talvez agora, pela primeira vez, o homem de fato pode assumir o papel a ele confiado por Deus diante do mundo e de seu destino. Isso não significa *hybris* humana e rebeldia contra o Criador. Mas tomada de consciência radical daquilo que biblicamente se diz: o homem é imagem e semelhança de Deus, isto significa: ele é representante e lugar-tenente de Deus no mundo, o órgão pelo qual Deus continua a agir e atuar na totalidade da criação. Essa perspectiva nos sugere a medida e o critério ético para a automanipulação biológica do homem, coisa que transcende o alcance deste trabalho.

## 3. O homem novo na experiência cristã

Como repercute no cristianismo a busca do homem novo? Ele faz diante disso uma afirmação inaudita: o homem novo, o homem das esperanças dos séculos, já emergiu na história, levando-a assim à sua meta. Ele se chama

---

14. *Time*, abril 19, 1971, p. 38.

Jesus de Nazaré, o Cristo ressuscitado. Nele os anseios de plenitude, de patência total do ser e de reconciliação global com Deus, com os outros e com o mundo se tornaram realidade concreta. O *homo absconditus* se revelou plenamente e saiu completamente de sua latência. Surgiu um sol que não tramonta mais. Por isso ele está em nosso meio. Os olhos fenomenais não o veem, mas os olhos da fé o enxergam plenificando toda a realidade. Em razão disso o cristianismo se apresenta como a religião da jovialidade divina e humana. Se não se apresenta como a religião do super-homem, quer ser contudo a religião do Homem-Deus. O futuro que anuncia aos homens não é um futuro manipulável biologicamente, como se a manipulação pudesse fazer o homem extrapolar de si mesmo e atingir o mistério de Deus, mas é o próprio futuro de Jesus Cristo. Ele é o primeiro dos homens que atingiu a meta, como total transfiguração da existência humana, liberta da morte, das limitações e estreitezas de nosso-ser-no-mundo. A utopia de imortalidade e de novidade de vida se traduziu em topia e realidade no seio do mundo. Por isso, por mais que um cristão participe da admiração pelas conquistas biológicas e possa alegrar-se pelos possíveis resultados humanizadores alcançáveis por elas, jamais confunde isso com aquilo que Deus nos prometeu com a ressurreição de Jesus, o novo Adão.

Com isso não se quer insinuar que o processo de evolução ascendente seja teologicamente irrelevante. Ele representa de alguma forma, germinalmente, a plenitude final, que já vai se manifestando ambiguamente e fermentando dentro do tempo. A ciência, a técnica e a manipulação biológica visando a criação de um homem melhor podem assumir até uma missão profética: fazer esse mundo mais semelhante com aquele no final do processo evolutivo.

Se a visão cristã do futuro do homem é assim otimista, não é menos concreta. Ela deixa aberta a possibilidade de que o homem com sua manipulação venha a cometer um erro irreversível. Assim como espiritualmente ele pôde se manipular de forma desastrosa para o ulterior desenrolar da história (pelo assim chamado pecado original), semelhantemente pode ele inaugurar um processo desumanizador e involutivo que reduza porções da humanidade a um estado de rebanho adaptado à arbitrariedade da ideologia e das forças reinantes[15]. Por isso impõe-se sempre uma reserva crítica e desconfiança em relação aos prognósticos sobre o futuro do homem novo. O cristão sabe que a capacidade do mal no homem não se reduz a uma questão de fígado ou de manipulação dos genes. Ela se enraíza na própria estrutura espiritual do homem, pervadindo todas as dimensões de seu ser. E não está no poder do homem saltar sobre sua própria sombra. Mas é "muito consolador poder observar que os representantes da pesquisa científico-natural séria se restringem em geral a prognósticos a curto prazo, e os formulam com muita prudência [...] Propostas eugenéticas que se referem ao futuro distante do homem se encontram fora do campo da ciência"[16]. Ademais o cristão por sua fé e esperança sabe que mesmo para o homem desastrosamente manipulado há um caminho pelo qual atinge seu futuro absolu-

---

15. Cf. RAHNER, K. "Experiment Mensch". *Schriften zur Theologie VIII*. Einsiedeln, 1967, p. 260-285, esp. p. 281-284. • Id. *Zum Problem der genetischen Manipulation*. Op. cit., p. 286-321.

16. OVERHAGE, P. *Experimento-humanidade*. Op. cit., p. 56.

to, prometido por Deus: a morte. A morte não significa somente o termo de um processo biológico, como o veremos pormenorizadamente mais adiante. Mas principalmente significa um acabar de nascer e o modo pelo qual o homem atinge a sua total plenitude através de uma derradeira decisão. A história, para o cristão, por mais manipulada que venha tornar-se a ponto de o homem mesmo absurdamente poder pôr termo a ela, irá irreversivelmente desembocar em Deus, seja para a salvação ou seja para a total perdição. Olhando para o Cristo ressuscitado o cristão, contudo, confessa-se um profeta do sentido e um inimigo figadal de todo o absurdo. A história pode ser profundamente transformada e o homem degenerar para um suicídio coletivo, mas em Jesus ela atingiu sua meta e realizou já seu ponto ômega. Esse dado faz com que ele possa esperar contra toda a esperança.

O mito grego da esperança ganha agora um sentido certo: não será uma deusa enganadora dos homens, mas a verdadeira posse do almejado. Segundo o mito dizia-se que Zeus, querendo confundir os homens, enviou-lhes a deusa Pandora. Ela trazia uma caixa cheia de presentes. Curiosa, Pandora abre a caixa. E lá se foram todos os presentes, tragados como por encanto. Aos homens restou apenas a esperança de que um dia eles voltassem. E os sábios gregos se perguntavam: É a esperança boa ou má? Uns diziam: é boa porque é a única deusa que permaneceu entre os homens, ao passo que todas as demais divindades se refugiaram no Olimpo. É ela que nos faz sonhar com mundos maravilhosos e nos enche de sentido os dias de angústia. Outros retrucavam: a esperança é tão enganadora como Pandora. Ilude a vida com suas fantasias.

Para o cristianismo, por causa do irromper do homem novo em Jesus Cristo, a esperança tornou-se seu apanágio e sua mensagem. O homem não permanece como um eterno Prometeu. O coração anseia porque entrevê a utopia como uma possível realidade no horizonte de Deus. E ela se realizou em Jesus de Nazaré. Em função disso podia Dostoievski, ao regressar da casa dos mortos da Sibéria, confiante e esperançoso, formular seu credo: "Creio que não existe nada de mais belo, de mais profundo, de mais simpático, de mais viril e de mais perfeito do que o Cristo. E eu o digo a mim mesmo, com um amor cioso, que não existe e não pode existir. Mais do que isto: se alguém me provar que o Cristo está fora da verdade e que esta não se acha nele, prefiro ficar com o Cristo a ficar com a verdade[17].

Legitimar a emergência do homem novo e definitivo para a nossa esperança não é hoje uma tarefa fácil. Nem mesmo para os próprios cristãos.

Por isso nosso trabalho, num primeiro momento, irá referir e discutir a atual problemática em torno da ressurreição de Jesus.

Em seguida, procederemos a uma análise sucinta, mas essencial dos textos que testemunham as aparições do Senhor ressuscitado e do sepulcro vazio. Veremos as dimensões antropológicas que tal evento introduziu dentro das coordenadas de nossa compreensão da existência humana.

Por fim nos perguntaremos pelo nosso próprio futuro. À semelhança de Cristo estamos destinados à ressurreição quando tivermos, na morte, atingido a meta de nossa existência.

---

17. *Correspondence* I. Paris: Calmann-Levy, 1961, p. 157.

# II
# A emergência do homem novo, Jesus ressuscitado, no crivo da teologia crítica

Desde o tempo dos apóstolos até os dias de hoje a fé na ressurreição é questionada. A certeza que a Igreja possui é uma certeza de fé. Uma constante se nota nos relatos acerca da ressurreição: o sepulcro vazio e as aparições não são de natureza tal que excluam a dúvida[1]. No final de seu evangelho Mateus deixa pairar no ar a frasezinha: "alguns, porém, duvidaram" (28,17b). Contudo, com a resposta que se dá à fé na ressurreição resolve-se também a pergunta pelo ser ou não ser do cristianismo. Se a ressurreição não se verificou somos "falsas testemunhas de Deus", "vã é a nossa fé" e "somos os mais miseráveis de todos os homens" (1Cor 15,14-19). Porque em vez de nos filiarmos ao grupo dos que dizem "comamos e bebamos porque amanhã morreremos (1Cor 15,32) fugimos da realidade num mito de sobrevivência e ressurreição e iludimos outros com tais ideias. Nos últimos anos desencadeou-se uma grande discussão tanto na teologia protestante quanto na católica acerca do significado da profissão de fé "Deus o ressuscitou

---

1. Cf. SEIDENSTICKER, P. *Die Auferstehung Jesus in der Botschaft der Evangelisten.* 2. ed. Stuttgart: [s.e.],1968, p. 91 [Stuttgarter Bibelstudien 26].

(Jesus) dos mortos" (At 3,15; 4,10). Assumiram-se posições radicais, provocando fortes reações dentro das comunidades[2]. A Comissão Romana dos Congressos sobre a Teologia do Vaticano II organizou um simpósio internacional sobre esse tema, realizado em Roma de 31 de março a 6 de abril de 1970[3]. Um ponto deve ser salvaguardado, mesmo entre os mais radicais, e que foi esquecido no calor das disputas: não se trata de estabelecer se Cristo ressuscitou ou não. Ninguém dos implicados no debate duvida da fé na presença do Senhor vivo no meio de nós. Todos recitam o mesmo credo. A pergunta que se coloca é: O que significa para nós hoje a afirmação da fé antiga: "Cristo ressuscitou verdadeiramente e apareceu a Simão"? (Lc 24,34). Como se deverá interpretar semelhante frase para que tenhamos o mesmo impacto e retenhamos o mesmo conteúdo que a Igreja primitiva? É nesse horizonte que se situam os debates e que se coloca também nossa exposição. Referiremos o estado da questão no seio das teologias protestante[4] e ca-

---

2. Cf. as informações em DIETZFELBINGER, W. "Movimentos de restauração na Igreja protestante alemã". *Concilium* 51 (1970), p. 89-97.

3. Cf. *L'Osservatore Romano* de 2, 4, 8, 9, 12 de abril de 1970. Cf. um resumo das principais conferências em ROSA, G. "Il cristiano di oggi di fronte alla risurrezione di Cristo". *La Città Cattolica* 121 (1970), p. 365-377.

4. Da parte protestante fizeram um estudo de visão de conjunto GEYER, H.G. Die Auferstehung Jesu Christi. Ein Überblick üter die Diskussion in der gegenwärtigen Theologie. In: *Die Bedeutung der Auferstehungsbotschaft für den Glauben an Jesus Christus*. 7. ed., por W. Marxsen, U. Wilckens, G. Delling e H.G. Geyer. Gutersloh, 1968, p. 91-117; *Diskussion um Kreuz und Auferstehung* – Zur gegenwärtigen Auseinandersetzung in Theologie und Gemeinde. 3. ed., publicado por B. Klappert, Wuppertal, 1968, onde estão reunidos os melhores estudos protestantes desde Bultmann, Barth, Bornkamm, Von Campenhausen, Pannenberg e outros, esp. p. 9-52, p. 298-300.

tólica[5]. Tomaremos uma posição crítica frente a cada uma das posições. No final ensaiaremos deslindar uma reflexão de ordem sistemática, onde se realçará particularmente o significado da ressurreição para o nosso hoje e agora da fé.

## I. INTERPRETAÇÕES DA FÉ NA RESSURREIÇÃO NA TEOLOGIA PROTESTANTE

Entre as várias posições dentro da teologia protestante como a de K. Barth, G. Ebling, H. Braun e U. Wilckens queremos relevar especialmente três: a de R. Bultmann, de W. Marxsen e a de W. Pannenberg.

---

5. Da parte católica destacam-se EBERT, H. "Die Krise des Osterglaubens. Zur Diskussion über die Auferstehung Jesu". *Hochland* 60 (1968), p. 305-331, o relatório anônimo em *Herderkorrespondez* 22 (1968), p. 322-328, e LÉON-DUFOUR, X., no Bulletin d'exégèse du N.T. em *Recherches de Sciences Religieuses* 57 (1969), p. 583-622. Da imensa bibliografia que existe sobre o tema ressaltamos apenas alguns títulos mais significativos: GRASS, H. *Ostergeschehen und Osterberichte.* 2. ed. Göttingen: [s.e.], 1962. • KREMER, J. *Die sterbotschaft der vier Evangelien.* Stuttgart: [s.e.], 1968. • Id. *Das älteste Zeugnis von der Auferstehung Christi.* 2 ed. Stuttgart: [s.e.], 1967. • VV.AA. (Grelot, Delorme, Léon-Dufour). *La Résurrection du Christ et l'exégèse moderne.* Paris: Cerf, 1969. • BENOIT, P. *Passion et Résurrection du Seigneur* (Lire la Bible 6). Paris: Cerf, 1966.• MUSSNER, F. *Auferstehung Jesu.* München: [s.e.], 1969.• LEHMANN, K. *Auf erweckt am dritten Tag nach der Schrift.* Freiburg/Basel/Wien: [s.e.], 1968. • PONTHOT, J. "Les traditions évangéliques sur la Résurrection du Christ. Perspectives théologiques et problèmes d'historicité". *Lumen Vitae* 20 (1965), p. 649-673 e 21 (1966), p. 99-118. • WAGNER, G. *La Résurrection signe du monde nouveau.* Paris: Cerf, 1970. • VV.AA. "Resurrección y mundo". *Teologia y Vida* 11 (1970), p. 75-99. • LÉON-DUFOUR, X. "Présence de Jésus ressuscité". *Études*, abril 1970, p. 593-614. • SCHLIER, H. *Über die Auferstehung Jesu Christi.* Einsiedeln, 1968, todo o número 60 (1970) da revista *Concilium* e outros tantos estudos que serão citados oportunamente.

## 1. R. Bultmann: Ressurreição não é um fato histórico, mas expressão do significado da cruz

Os apóstolos viram na cruz de Cristo não a morte de um amaldiçoado (Dt 21,23; cf. Gl 3,13), mas perceberam nesse fato histórico um significado transcendente e salvífico: "o juízo libertador de Deus sobre o mundo, o juízo de Deus que vence a morte"[6]. Esse significado não é visto no fato bruto da cruz. Por isso ele não é histórico, no sentido de poder ser detectado pelo historiador ao analisar o fato com seu método histórico-crítico. Mas ele pode ser crido. Ora, "dizer ressurreição é exprimir o significado da cruz"[7]. Falar em ressurreição não é dizer que aconteceu *historicamente* algo em Jesus. Mas é dizer que aconteceu *historicamente* algo nos apóstolos: a fé de que a morte de Cristo é vida para o homem[8]. Fé na ressurreição é a forma como se exprime a fé no significado salvífico da morte de Cristo. Nesse sentido a ressurreição não é um fato histórico que qualquer um pode verificar. O que o historiador pode averiguar é que houve homens que creram e pregaram a ressurreição. Só na fé a ressurreição é um fato. A fé cristã, como fé, não se interessa pela reconstrução histórica de como surgiu a fé na ressurreição. A ela interessa o significado existencial da morte de

---

6. Neues Testament und Mythologie. In: *Kerygma und Mythos* I. 4. ed. 1960, p. 44; cf. uma valoração crítica por parte da exegese católica em KREMER, J. *Das älteste Zeugnis von der Auferstehung Christi.* Op. cit., p. 98-114.

7. Ibid.

8. Ibid.

Cristo, como salvação para nós[9]. E isso ela o sabe pela palavra da pregação. "Fé nessa palavra é, na verdade, fé na ressurreição"[10]. A palavra pertence também ao fato escatológico e consequentemente possui um caráter salvífico. Por isso pode-se dizer: "na pregação o Ressuscitado está presente"[11]. Na pregação Cristo ressuscita[12]. "As lendas do sepulcro vazio" e "os relatos da ressurreição acerca das demonstrações da corporalidade do Ressuscitado são sem dúvida construções posteriores, das quais Paulo nada sabe"[13].

*Tomada de posição*

Para entender a posição de Bultmann convém saber o *Sitz im Leben* de toda a sua teologia e do programa da desmitização por ele inaugurado. Ele se situa entre os liberais do método histórico-crítico aplicado à Bíblia no século XIX e os apologetas. Aos liberais concede que não podemos reconstruir os fatos da vida de Jesus. Nem superar as contradições existentes nos textos acerca da ressurreição. Contudo a fé não fica com isso abalada. Ela não se baseia na ciência histórica. Frente a eles Bultmann mantém firmemente a fé cristã. Frente aos apologetas argumenta Bultmann que a

---

9. Ibid., p. 47; *Das Verhältnis der urchristlichen Christusbotschaft zum historischen Jesus.* 3. ed. Heidelberg, 1962, p. 27; *Theologie des Neuen Testamentes.* 5. ed., 1965, p. 305.

10. *Kerygma und Mytho.* Op. cit., p. 46.

11. *Theologie des Neuen Testamentes.* Op. cit., p. 305.

12. MARXSEN, W. Die Auferstehung Jesu als historisches und als theologisches Problem. In: *Die Bedeutung der Auferstehungsbotschaft.* Op. cit., p. 13.

13. *Kerygma und Mythos.* Op. cit., p. 44; *Theologie des Neuen Testamentes,* p. 48.

ressurreição não é um fato como qualquer outro da história, verificável por quem quiser. Só a alguns foi dado ver o Senhor. Por isso a ressurreição não pode ser considerada como uma "prova", face aos não crentes, da verdade da fé cristã. Nesse sentido específico devemos conceder razão a Bultmann: a ressurreição não é um fato histórico, mas estórico (kein historisches Ereignis, sondem ein geschichtliches)[14]. Só é atingível pela fé. Esclarecendo: se dissermos que a ressurreição não é um fato histórico, e com isso pensarmos que nada aconteceu depois da morte de Jesus, então interpretamos mal a Bultmann. Se pensarmos que aconteceu sim, mas isso é só acessível pela fé (estórico) e escapa ao historiador (histórico), então temos compreendido sua tese fundamental. Bultmann não quer perder muito tempo em discutir a base histórica das aparições e dos relatos do sepulcro vazio. Ele quer concentrar-se no cerne essencial, que muitíssimas vezes, devido às discussões sem fim, perde-se totalmente. Este é: a ressurreição é uma mensagem de vida para a existência humana. A morte foi vencida definitivamente pela cruz e por isso entrou um grande sentido em nossa vida. Para exprimir essa novidade Bultmann utiliza categorias não objetivistas e objetivantes da filosofia clássica, mas a terminologia do existencialismo heideggeriano, mais apta para exprimir situações existenciais. Para compreender essa mensagem precisamos vivê-la pela fé. Assim como a exis-

---

14. Cf. o livro de GRESHAKE, G. *Historie wird Geschichte*. Bedeutung und Sinn der Unterscheidung von Historie und Geschichte in der Theologie R. Bultmanns. Essen: [s.e.], 1963.

tência verdadeira reside no processo mesmo de viver, da mesma forma o compreender a mensagem de fé se realiza na realização mesma da fé[15]. Para isso pouco vale saber se o sepulcro vazio é uma lenda ou não ou qual é o cerne histórico das aparições do Senhor. Importante é viver a fé na ressurreição. Seria pena se o homem de hoje, pouco afeito a milagres e à admissão de intervenções frequentes de Deus no mundo, viesse por causa disso a não aceitar essa chance oferecida por Deus de vida nova e cheia de esperança salvadora[16]. Contudo devemos, à luz de 1Cor 15,3-8, o mais antigo testemunho escrito da ressurreição (entre 54 e 57), perguntar a Bultmann se a ligação da ressurreição com a história é assim tão irrelevante como ele pensa. A ressurreição não é um mito do qual se poderia dizer que "nunca aconteceu e contudo é". Embora não seja um fato histórico comum, está ligada à história de Jesus. Aquele que morreu e foi sepultado é que agora ressuscitou (cf. 1Cor 15,3-4; At 2,23-24), como atestam várias testemunhas, "das quais muitos ainda vivem, e alguns morreram" (1Cor 15,6). Isso não é uma prova da ressurreição, mas um argumento em favor da credibilidade da pregação apostólica acerca da ressurreição. Nesse sentido as aparições e os relatos sobre o sepulcro vazio ganham relevância teológica: não visam constituir uma

---

15. BULTMANN, R. Moderne Bibelauslegung und Existenzphilosophie. 3. ed. In: *Jesus Christus und die Mythologie*. Hamburgo: [s.e.], 1967, p. 50-68; cf. tb. HASENHÜTTL. *Der Glaubensvollzug* – Eine Begegnung mit R. Bultmann aus katholischem Glaubensverständnis. Essen: [s.e.], 1963.

16. BULTMANN, R. Die christliche Botschaft und die moderne Weltanschauung. In: *Jesus Christus und die Mythologie*. Op. cit., p. 37-49.

demonstração para o que não crê, mas um convite, fundamentado e cheio de razoabilidade para a fé. Bultmann quer destruir todas as bases e esteios racionais da fé, para purificá-la e fazê-la cada vez mais ela mesma. Isso é um postulado de seu sistema teológico, radicalização do princípio luterano da *sola-fides*, sem fundamento bíblico[17]. Semelhante fideísmo está a um passo do ateísmo dogmático. Como se há de distinguir fé de ideologia? Como se há de legitimar (não se trata de provar nem de demonstrar) nossa esperança a quem nos pede as razões dela? (1Pd 3,15).

## 2. W. Marxsen: A ressurreição não é um fato histórico, mas uma interpretação das aparições condicionada pelo horizonte apocalíptico

Bultmann bagatelizava o valor da pergunta pelo fato histórico. W. Marxsen, embora seja mais radical ainda que Bultmann, interessa-se por ela[18]. Sabemos, diz ele, como surgiu a convicção do fato da ressurreição. Não se trata da constatação de um fato real, mas de uma interpretação condicionada pela cosmovisão apocalíptica da época. Pertencia a ela a esperança na ressurreição dos mortos. As aparições reais que os apóstolos tiveram (essas possuem caráter histó-

---

17. Cf. SCHEID, E. *Das Heilsgeschehen, Tod und Auferstehung im Lichte der Entmythologisierung Bultmanns*. Rom 1954, p. 41ss.

18. Marxsen é professor de teologia bíblica e exegese do Novo Testamento na faculdade protestante de Münster. Seu escrito principal acerca do tema é *Auferstehung Jesu als historisches und als theologisches Problem*, em Die Bedeutung der Auferstehungsbotschaft für den Glauben an Jesus Christus, op. cit., p. 9-40 ou ainda por Gerd Mohn, Gutersloh. 5. ed., 1967; cf. ainda *Das NT als Buch der Kirche*. Gutersloh, 1966, p. 96-100.

rico e agiram como um impacto – *Widerfahrnis* – sobre os apóstolos) foram interpretadas dentro das categorias de ressurreição. Para o historiador nada se disse ainda sobre se a ressurreição aconteceu ou não[19]. Ele constata historicamente que alguns assim interpretaram as aparições que tiveram. Essa interpretação – Jesus ressuscitou – não é obrigatória para nós hoje. Porque não somos obrigados a assumir a cosmovisão da época, passada e mítica. O próprio Novo Testamento mostra como há uma outra possibilidade de interpretar as aparições, não como ressurreição de Jesus, mas como missão de viver e de pregar a causa de Cristo adiante[20]. Paulo em 1Cor 9,1 fundamenta seu apostolado no fato de ter visto o Senhor. Portanto as aparições que de fato aconteceram após a morte de Jesus levaram os apóstolos a refletir em duas direções: uma *funcional*, voltada para o futuro: a missão. "A causa de Jesus vai adiante"[21] pela pregação "Jesus nos atinge hoje"[22]. Outra voltada para o passado, *pessoal*: Jesus ressuscitou dos mortos. Essa afirmação está condicionada pela antropologia judaica, segundo a qual não há vida humana sem corpo. Por isso a insistência maciça de alguns textos em Lucas e João em afirmar a corporalidade do Ressuscitado. Se um grego tivesse refletido sobre as aparições do Senhor, ele diria, consoante sua antropologia, para a qual o corpo é um cárcere e um mal: "Jesus deixou real-

---

19. Ibid., p. 19.

20. Ibid., p. 20.

21. Ibid., p. 30: "Die Sache Jesu geht weiter"; cf. SCHUBERT, K. *Kairos* 11 (1969), p. 145-149.

22. Ibid.

mente seu corpo". Ele teria afirmado a vida de Cristo sem precisar de falar em ressurreição do corpo[23]. Essa não é um fato, mas uma interpretação que deve hoje ser traduzida em nossa fé. ressurreição é um modo de falar e não algo que aconteceu. O conteúdo de verdade desta expressão, que deve ser mantido por nós, reside nisso: pela Igreja e pelo Evangelho a causa de Cristo segue adiante e nos atinge como atingiu outrora os discípulos de Cristo. "Se isso me atinge então eu sei: Ele vive. Exprimindo-o numa terminologia mais antiga (sabendo dos limites e condicionamentos daquela terminologia) posso eu hoje professar: Ele vive, Ele não permaneceu na morte. Ele ressuscitou"[24].

### Tomada de posição

Essa interpretação de Marxsen tem muito de sedutor e desencadeou uma discussão sem precedentes. Sua preocupação é pastoral: a fé na ressurreição, diz ele, deve ser uma fé que compreende o que professa; deve falar à existência concreta e deixar de ser uma informação neutra[25]. Marxsen viu claramente onde reside o problema: nas aparições que agiram como um impacto sobre os apóstolos. Ninguém viu a ressurreição. Existem testemunhas que afirmam a ressurreição por causa de vivências que tiveram (aparições) após a morte de Jesus. É legítima a *interpretação* destas vivências como: Jesus ressuscitou? Ou é algo que se legitima só den-

---

23. Ibid., p. 33.
24. Ibid., p. 39.
25. Ibid., p. 11, 38.

tro das categorias apocalípticas do tempo dos apóstolos, de sorte que nós hoje deveríamos traduzir essa mensagem para outras coordenadas de compreensão? Para responder a isso devemos ponderar dois elementos. *Primeiro*: o conceito que o Novo Testamento tem de ressurreição não corresponde exatamente ao das esperanças apocalípticas de ressurreição do judaísmo tardio[26]. Os saduceus negavam-na; os fariseus criam antes numa revivificação, isto é, numa volta às condições de vida deste velho éon. Em Mc 12,23, Cristo mesmo corrige semelhantes representações. Ressurreição para o Novo Testamento é a passagem do mundo presente ao mundo futuro, da história à meta-história, transfiguração e atualização radical e total das possibilidades do mundo presente. Numa palavra: ressurreição é a realização do Reino de Deus para a condição humana. Ressurreição de Cristo não é a volta de um cadáver à vida biológica, mas a transfiguração de um estraçalhado na cruz. Mais: um amaldiçoado por Deus (Dt 21,23; Gl 3,13) é "elevado", feito "sentar-se à direita de Deus" e "entronizado como Filho de Deus em poder" (cf. Rm 1,4; At 13, 33). Os apóstolos foram surpreendidos e dominados por tal impacto que estava fora de suas possibilidades de representação. Sem isso jamais teriam pregado o Crucificado como sendo o Senhor. Sem "essa alguma coisa" que aconteceu em Jesus não se explica o

---

26. Cf. GRELOT, P. La résurrection de Jesus et son arrière-plan biblique et juif. *La Résurrection du Christ et l'exégèse moderne*. Op. cit., p. 17-54, esp. 39ss. • SCHUBERT, K. "Die Entwicklung; der Auferstehungslehre von der nachexilischen bis zur frührabbinischen Zeit". *Biblische Zeitschrift* 6 (1962), p. 177-214. • Id. Interpretament Auferstehung. In: *Wort und Wahrheit* (1968), p. 78-80.

fato de a ressurreição de Jesus sempre vir ligada, na pregação, com a morte e o sepultamento. Bem dizia Dahl, referindo-se a Bultmann, o que vale muito mais para Marxsen: "Os acontecimentos da páscoa não foram previstos pelos discípulos. Foram fatos que se realizaram, antes algo que deve ser interpretado (*interpretandum*) que uma interpretação do significado de Jesus e de sua morte"[27]. E aqui abordamos um *segundo* elemento em que se deve refletir: precisavam os apóstolos fazer uma interpretação para este fato ser decifrado? As aparições narradas no Novo Testamento não são algo de totalmente indeterminado e de vago que exigisse reflexão e interpretação para serem decifradas. Antes pelo contrário. Usa-se o termo que é considerado por bons exegetas como técnico na temática de revelação: *óphte* (aoristo medial ou passivo de *oráo*) significando: "Ele deixou-se ver, Ele apareceu"[28]. Com isso se acentua a iniciativa vinda de fora e que agiu como um impacto sobre os apóstolos. Os apóstolos tiveram encontros com o Senhor vivendo agora sob outra forma. O encontro pessoal é muito mais rico que um simples ver (*óphte*): é comunhão de pessoas, um estar-aí frente a frente em mútua presença, é um diálogo de tu-a-tu, dentro do *esprit de finesse* da recíproca imediatez e não do *esprit de géométrie*, que pede provas e averiguações

---

27. DAHL, N.D. Eschatologie und Geschichte im Lichte der Qumrantexte. In: *Zeit und Geschichte*. Tübingen, 1964, p. 14. • KREMER, J. *Das älteste Zeugnis*. Op. cit., p. 128.

28. Cf. MICHAELIS, W. *ThWNT* V, 315ss., esp. p. 359. • GRASS, H. *Ostergeschehen und Osterberichte*. Op. cit., p. 186-232, esp. p. 186-189. Cf. o próprio MARXSEN, W. *Die Auferstehung Jesu*. Op. cit., p. 20.

científicas. Todo encontro humano rompe os esquemas pré-fabricados. Situa-se num outro painel de referências, onde vale a comunicação pessoal, a amizade, o amor, a gentileza e recíproca abertura numa simbiose de dar e receber. Isto fez os apóstolos afirmarem: "Jesus ressuscitou verdadeiramente" (Lc 24,34) e não tanto as representações e esperanças de uma ressurreição dos mortos, implicadas no horizonte apocalíptico em que se moviam[29]. Se quisermos admitir que a ressurreição seja uma interpretação, então só com condição de dizermos: é uma metáfora que de fato e de forma adequada exprime o encontro pessoal dos apóstolos com Jesus vivo. Não é pois uma expressão que pode ser sem mais mudada por outra, como "a causa de Jesus é levada adiante" ou "Ele hoje nos vem ainda ao encontro". Os textos do Novo Testamento deixam claro que pela ressurreição aconteceu algo em Jesus e que isso provocou a fé nos apóstolos e não vice-versa.

## 3. W. Pannenberg: A ressurreição é realmente uma interpretação das aparições, porém insubstituível, atingindo o fato histórico

R. Bultmann se desinteressava pelo fato histórico da ressurreição. W. Marxsen vê interesse nele como uma interpretação condicionada pela atmosfera cultural da época, mas se desinteressa pelo seu valor permanente, porque

---

29. Nisso insistiu fortemente Schubert no Simpósio Internacional em Roma: cf. ROSA, G. "Il Cristiano di oggi di fronte alta risurrezione di Cristo". *Civiltà Cattolica* 121 (1970), p. 369.

pode ser intercambiada por outra interpretação. W. Pannenberg, professor de Teologia sistemática protestante em Munique e chefe de um grupo de teólogos que se afastaram da problemática bultmaniana e propugnam por uma concepção da revelação como história, interessa-se exatamente pela interpretação das aparições como fator insubstituível também para nós hoje, atingindo o fato histórico-ressurreição de Jesus[30]. Após a crucificação os apóstolos foram surpreendidos por Jesus, ressuscitado dentre os mortos, comunicando-se com eles através de aparições. Para exprimir essa *nova* realidade, sem analogias dentro da história (a ressurreição de Jesus é outra coisa que a revivificação do jovem de Naim (Lc 7,11-17), da filha de Jairo (Mc 5,35-43 par) ou de Lázaro (Jo 11)[31] os apóstolos lançaram mão das metáforas do mundo apocalíptico. Uma delas era a da ressurreição dos mortos, como um acordar do sono e um levantar-se. Semelhantemente acontecerá no final do mundo. Evidentemente a linguagem é simbólica: a realidade pensada e seu modo são *toto caelo* diversos. Os homens do velho mundo não podem fazer representações adequadas de como serão os homens no mundo novo. O Novo Testamento assumiu a metáfora ressurreição, mas pensa bem outra coisa que uma simples revivificação de um cadáver, no sentido de um levantar-se e de um andar por aqui e por ali de um morto. ressurreição é nova vida (cf. 1Cor 15,35-56): uma transfor-

---

30. *Grundzüge der Christologie*. 3. ed. Gütersloh, 1969, p. 47-112; • Id. "Dogmatische Erwägungen zur Auferstehung". *Kerygma und Dogma*, fasc. 2 (1968), p. 105-108.

31. Grundzüge, op. cit., p. 69-85.

mação radical da existência corporal para uma existência pneumática, totalmente determinada e repleta por Deus (1Cor 15,38-42.50-53). Ao usarem a metáfora quiseram exprimir tal realidade absolutamente nova: Jesus vive uma existência corporal totalmente diversa da do velho éon. Isso é visto como o romper do mundo novo: Cristo é o primeiro entre muitos irmãos (Rm 8,29), as primícias dos que morreram e agora ressurgem (1Cor 15,20; Cl 1,18; cf. At 1,15; 3,15), aquele por quem todos somos vivificados (1Cor 15,22)[32]. Esse fato só pode ser expresso na linguagem da expectativa escatológica, simbólica e insuficiente, porque tomada das categorias do velho mundo, porém insubstituível[33]. Sem ela perdemos a realidade pensada e testemunhada pelos textos do Novo Testamento. Se ela é de tal natureza que só pode ser expressa pela linguagem simbólica e anunciada por aparições então as aparições e as expressões simbólicas garantem o caráter histórico do fato-ressurreição de Jesus. O historiador constatando as aparições atinge também o fato-ressurreição manifestado nelas. Se as aparições possuem caráter histórico (o que não é posto em dúvida por W. Marxsen, ao menos para o núcleo central) também o possui a ressurreição. Caso contrário jamais poderíamos dizer que a ressurreição aconteceu dentro de um determinado momento de nossa história[34].

---

32. Ibid., p. 71-73.

33. Ibid., p. 95.

34. Ibid., p. 96; cf. tb. MOLTMANN, J. Auferstehung und Jesu Christ. In: *Theologie der Hoffnung*. 6. ed. München: [s.e.], 1966, p. 125-200, na mesma linha que Pannenberg.

## Tomada de posição

A posição de Pannenberg é familiar aos ouvidos católicos. Concede que a fé na ressurreição é uma interpretação das aparições. Contudo uma interpretação imediata que atinge a realidade nova e a expressa de forma adequada à sua natureza (novo mundo, novo homem: 2Cor 5,17), isto é, simbolicamente. Como podemos falar senão simbolicamente do novo céu e da nova terra? Pannenberg insiste com razão na ressurreição como fato histórico no sentido de que ela realmente se verificou dentro da história, embora o acesso seja indireto por via das aparições. Talvez Pannenberg (para evitar equívocos) se devesse exprimir como E. Dhanis o fez na relação conclusiva do Simpósio internacional em Roma sobre a problemática da ressurreição distinguindo entre um fato *diretamente histórico* de outro *indiretamente histórico*. Aquele é atingível em si mesmo mediante os métodos próprios da pesquisa histórica; este, o indiretamente histórico, só é atingível *mediante* a reflexão sobre fatos históricos[35]. A ressurreição não é um fato diretamente histórico. Ninguém a viu. Contudo, é um fato indiretamente histórico porque os apóstolos, refletindo sobre o sepulcro vazio, encontrando-se com Jesus vivo em aparições, puderam convencer-se e dizer: "Deus o ressuscitou dos mortos" (At 3,15; 4,10). A ressurreição não é uma revivificação de um cadáver, mas é a entronização da realidade corporal de Jesus transfigurada na glória de Deus. Isso funda um fato de

---

35. ROSA, G. Il Cristiano di oggi. Op. cit., p. 370-371.

outro gênero que os fatos históricos comuns. Essa novidade de vida humana deixou contudo sinais e traços entre os homens, o sepulcro vazio, as aparições, que refletidos e interpretados nos dão a certeza moral – que é a certeza própria da história – de que a história de Jesus não acabou na cruz, mas na ressurreição. A ressurreição é o ponto de partida da cristologia. A partir dela os apóstolos e os autores do Novo Testamento começaram a se perguntar: Quem é esse Jesus de Nazaré que Deus ressuscitou dos mortos? E sob essa nova luz foram relendo e descodificando a história de Jesus *kata sárka* (segundo a carne), isto é, começaram a fazer e a escrever a cristologia. Nesse horizonte escreve também Pannenberg sua grandiosa cristologia, em grande consonância com a cristologia católica[36].

## II. INTERPRETAÇÕES DA FÉ NA RESSURREIÇÃO NA TEOLOGIA CATÓLICA

As discussões exegético-sistemáticas no campo protestante não deixaram de influenciar a teologia católica, especialmente a exegese. No presente momento, graças à opinião de W. Marxsen, desencadeou-se também no lado católico uma série de reações, tomando posição ou mesmo assumindo traços das soluções apresentadas. No que se refere à exegese, pode-se, sem exagero, dizer que os autores católicos não ficam em nada atrás de seus colegas protestantes,

---

36. Cf. SCHNACKENBURG, R. "Christologie des Neuen Testamentes". *Mysterium Salutis* III/I. Einsiedeln/Zürich/Köln: [s.e.], 1970, p. 230-247: "A ressurreição como ponto de partida e princípio da cristologia".

quer no espírito crítico, quer na utilização dos mais recentes métodos exegéticos (história morfocrítica, das tradições, das várias redações etc.) e mesmo na ousadia e liberdade de sacarem conclusões das análises feitas. A título de sistematização dividiremos as tendências como seguem:[37]

## 1. Tendência tradicional: A ressurreição é indiferenciadamente um fato histórico

Essa posição era assumida em toda sua linha por quase todos os manuais de teologia dogmática e de teologia fundamental. A ressurreição era considerada a prova principal da divindade e veracidade do cristianismo. Recentemente foi ainda proposta por E. Gutwenger[38]. Segundo esse autor a ressurreição é um fato histórico sem mais, baseado na realidade das aparições. A convicção da Igreja primitiva, diz Gutwenger, mostra "que o Jesus redivivo se manifesta como um vivo entre vivos, de sorte que quem o via parecia ver um homem em sua vida diária"[39]. De forma um pouco mais diferenciada, mas fundamentalmente idêntica, esta posição é defendida também por W. Bulst no recente dicionário *Sacramentum Mundi*[40]. A obra de F.X. Durrwell, *A res-*

---

37. Cf. bibliografia citada na nota 5.

38. "Zur Geschichtlichkeit der Auferstehung Jesu". *ZKTh* 88 (1966), p. 257-282; cf. tb. as críticas movidas por GAECHTER, P. "Die Engelerscheinungen in den Auferstehungsberichten. Untersuchung einer Legende". *ZKTh* 89 (1967), p. 191-202.

39. Id., p. 279.

40. *Sacramentum Mundi* I. Freiburg/Basel/Wien, 1967, p. 413-416, e antes ainda no *LThK* I, [2]1957, p. 1.035-1.038.

*surreição de Jesus, mistério de salvação*[41], representa da parte católica um Novum no sentido de apresentar uma sistematização impressionante da fé na ressurreição em suas ligações com a redenção, com a história de Cristo, com a Igreja e seus sacramentos e com a consumação celeste. A preocupação crítica porém é, para as exigências do atual debate, muito exígua. É sintomático que a teologia de São João ocupa o lugar principal em suas reflexões, o que mostra o caráter preferentemente teológico e menos exegético-crítico de seu trabalho. Frente a Gutwenger devemos ressaltar que ressurreição não é o mesmo que revivificação. Por isso seu caráter histórico, como irrupção de uma realidade escatológica dentro de nossa história, não pode ser equiparado com outros fatos históricos.

## 2. Tendência da exegese moderna positiva: A ressurreição é um fato de fé da Igreja primitiva

A essa tendência filia-se aquele grupo de exegetas que com auxílio dos modernos métodos da exegese chegam a eruir a fé da Igreja primitiva, sem, tematizadamente, perguntar o que é influência do ambiente cultural, o que é histórico e o que é elaboração teológica sobre fatos históricos.

---

41. Herder, São Paulo 1970, traduzido da oitava edição francesa. Em linha semelhante parece estar a obra de COMBLIN, J. *A ressurreição*. São Paulo: Herder, 1965; cf. ainda artigos mais antigos como JANSENS, A. "De valore soteriologico resurrectionis Christi". *EThL* 9 (1932), p. 225-233. • GROTTY, N. The Redemptive Role of Christi Resurrection em *The Thomist* 25 (1962), p. 54-106. Excelentes perspectivas sistemáticas oferece B. Klappert ao livro coletivo *Diskussion um Kreuz und Auferstehung*: Aspekte des Auferstehungsgeschehen. Op. cit., p. 10-52.

O interesse se concentra nos textos tais quais temos, assegurados por séria análise crítico-literária. J. Schmitt[42] é um de seus melhores representantes. Ele constata que para os apóstolos a ressurreição era considerada um fato histórico como a vida e a morte de Cristo. Ressurreição é corporal, e é "mais que um fato histórico. É a 'palavra' decisiva do diálogo que Deus conduz com os homens, o argumento principal pelo qual Deus quer convencer os homens de sua fidelidade, de sua 'sabedoria' e de seu 'poder'"[43]. Aos olhos dos apóstolos a ressurreição é a resposta do Pai à submissão do Filho (cf. Mc 15,34 par), a recompensa por sua obediência até à morte (cf. Fl 2,9). Um pouco nesta linha vai o excelente livro de P. Benoit, *Passion et Résurrection du Seigneur*[44]. A crítica literária e histórica encontra em seu estudo um terreno privilegiado, ao lado da preocupação de deslindar o horizonte teológico típico de cada evangelista[45] que se mostra no modo como trabalham sobre o material tradicional.

A discussão como hoje é conduzida tem antes de tudo uma preocupação hermenêutica: como haveremos de entender nós hoje o que os apóstolos entenderam outrora? Como vamos pregar e testemunhar a mesma novidade, expressa dentro de coordenadas que não são mais as nossas?

---

42. *Jésus ressuscité dans la prédication apostolique*. Paris, 1949; ainda o verbete *Auferstehung* do *LThK* I, ²1957, p. 1.028-1.035, finalmente em *Sacramentum Mundi* I, p. 405-413.

43. *Sacramentum Mundi*. Op. cit., p. 408.

44. Paris: Du Cerf, 1966. Cf. tb. SINT, J. "Die Auferstehung in der Verkündigung der Urgemeinde". *ZKTh* 89 (1962), p. 129-151.

45. Ibid, p. 5.

Até que ponto os apóstolos testemunham uma experiência original? Até que ponto fazem trabalho teológico, apologético, cultual? Os atuais textos têm em seu subsolo todas essas tendências. Daí que uma exegese que se concentra principalmente em eruir a fé do Novo Testamento é necessária, porém insuficiente, em relação às perguntas que homens de hoje fazem.

## 3. Tendência da exegese hermenêutica: A ressurreição é indiretamente um fato histórico anunciado dentro das categorias da época

Há um bom grupo de sérios exegetas católicos que não só se interessam pela fé do Novo Testamento mas principalmente em ver a gênese desta fé, como deu origem a várias tradições, como foi evoluindo de elementos-cernes para elaborações cada vez mais amplas, terminando no atual estado dos textos[46]. Um elemento é unanimemente afirmado: a ressurreição não é diretamente um fato histórico, possível de ser detectado pelo historiador[47]. É um fato que aconteceu em Jesus, acessível pela fé baseada nos testemunhos dos que viram Jesus depois de ter sido crucificado. Sua nova vida não cai sob categorias biológicas (onde reina a morte), mas

---

46. Cf. bibliografia na nota 5. Os artigos em revistas científicas são multidão nos vários idiomas. Segura perspectiva teológico-exegética oferece ainda SCHMAUS M. *Der Glaube der Kirche*. München: [s.e.], 1969, p. 453-486.

47. TRILLING, W. *Jesús y los problemas de su historicidad*. Barcelona, 1970, p. 169. • SCHNACKENBURG, R. Haben wir die Bibel falsch ausgelegt? In: *Alte Fragen Neue Antworten? Neue Fragen alte Antworten?* Würzburg, 1967, p. 119-121. • SCHIERSE, F.J. "Um die Wirklichkeit der Auferstehung Jesu". *Stimmen der Zeit* 92 (1967), p. 221-223.

pertence já à esfera divina da vida eterna[48]. Por isso o fato-ressurreição entra na ordem do mistério que rompe as categorias do espaço e do tempo[49]. Seu anúncio só pode ser revelado[50] e, se for manifesto dentro da história, o será velado por símbolos e aparições[51]. As categorias para exprimir esse novo modo de existir de Jesus são determinadas pelo ambiente da época: Ele é elevado junto a Deus, está sentado à direita de Deus, é entronizado como Filho de Deus em poder, foi feito Kyrios e Juiz universal etc.[52] É o emprego do esquema apocalíptico da humilhação-elevação do justo na interpretação do sepulcro vazio e das aparições. Os mesmos fatos foram interpretados também dentro das categorias escatológicas de ressurreição dentre os mortos. O estado atual dos textos contém e combina ambas as interpretações[53].

Para a apologética tradicional o sepulcro vazio é um elemento importante para a credibilidade da ressurreição.

---

48. RAHNER, K., verbete *Auferstehung* no *Sacramentum Mundi* I, p. 420-425. • RATZINGER, J. *Einführung in das Christentum*. München: [s.e.], 1968, p. 249-257.

49. KESSLER, H. "Fragen um die Auferstehung Jesu". *Bibel und Kirche* 22 (1967), p. 21.

50. KOLPING, A. "Auferstehung". *Handbuch theologischer Grundbegriffe* I, München, 1962, p. 141 [publicado por H. Fries].

51. MICHIELS, R. "Notre foi dans le Seigneur ressuscité". *Collectanea Mechliniensia* 65 (1970), p. 227-253, esp. p. 242-245. • LEON-DUFOUR, X. "Apparitions du ressuscité et herméneutique. *La Résurrection du Christ et l'exégèse moderne*. Op. cit., p. 153-173.

52. Cf. BRANDIE, M. "Zum urchristlichen Verständnis der Auferstehung Jesu". *Orientierung* 6 (1967), p. 65-71.

53. Cf. principalmente SEIDENSTICKER, P. *Die Auferstehung Jesu in der Botschaft der Evangelisten*. 2. ed. Stuttgart, 1968, p. 38-58. • WILCKENS, U. Die Überlieferungsgeschichte der Auferstehung Jesu. In: *Die Bedeutung der Auferstehungsbotschaft*. Op. cit., p. 41-64.

Uma compreensão mais diferenciada da realidade da ressurreição levou exegetas católicos a afirmar seu caráter secundário. "Em nenhum dos quatro Evangelhos a descoberta do sepulcro vazio é um argumento convincente em favor da verdade do anúncio pascal"[54]. Ela não causou a fé, mas o medo e a fuga (Mc 16,8; Lc 24,5; Mt 27,8)[55]. O tema do sepulcro vazio é tão secundário que não deve ser contado como condição para a verdadeira fé na ressurreição. Segundo M. Brändle "o corpo da existência renovada (de Cristo) não vem do sepulcro, mas do céu"[56]. Ressurreição, pensa ele, não quer dizer glorificação do corpo terrestre, mas autêntica nova criação de Deus. Já á biologia nos diz que de 7 em 7 anos quase todas as células de nosso corpo biológico são renovadas. Com que corpo haveremos de ressuscitar? Não conhecemos o que seja a matéria. Por isso não devemos arriscar fazer declarações dogmáticas sobre assuntos que podem ser a qualquer momento reformulados. A identidade de nosso corpo não se baseia, portanto, na identidade da matéria, mas na estrutura e em suas leis que regulam os processos da matéria. Essa identidade é conservada pela ressurreição[57]. Por isso o sepulcro de Cristo não precisa estar vazio. H. Ebert, pensando na linha de Brändle e admitindo que

---

54. KREMER. J. *Die Osterbotschaft der Evangelien*. Op. cit., p. 136. • Id. "Ist Jesus wirklich von den Toten auferstanden?" *Stimmen der Zeit* 94 (1969), p. 316-320.

55. Cf. VOEGTLE, A. Er ist auferstanden, er ist nicht hier. In: *Bibel und Leben*, 1966, p. 69-73.

56. "Musste das Grab leer sein?" *Orientierung* 31 (1967), p. 108-112, aqui p. 112.

57. Ibid., p. 109.

ressurreição não é sem mais nem menos a transformação de um cadáver depositado na sepultura, conclui: "Se assim fosse o sepulcro vazio não seria para nós hoje um milagre-sinal, mas algo de estranho que mais dificulta do que ajuda a fé. Exagerando um pouco, deveríamos então crer não por causa do sepulcro vazio, mas apesar dele"[58].

Contudo quer-nos parecer que essa solução se apresenta por demais minimalista. É sintomático que os quatro evangelhos relatem o fato do sepulcro vazio, e insistam na identidade do crucificado com o ressuscitado. Embora *a priori* pareça nada se opor ao pensamento de que o corpo glorificado seja outro que o corpo carnal, contudo existem razões suficientes para afirmarmos tal identidade. Primeiro, porque os próprios testemunhos apostólicos o fazem. Segundo, como se haveria de pregar de forma responsável a ressurreição de Jesus dentre os mortos se os habitantes de Jerusalém pudessem constantemente apontar para o cadáver de Jesus? Ademais há uma razão interna de ordem teológica. O corpo de Jesus, embora sárquico (fraco e limitado), não vinha inserido e maculado pelo pecado como vem estigmatizado nosso próprio corpo. Ele exprimia de forma humana e comunicadora a divindade. Nosso corpo é rebelde e não exprime adequadamente nossa interioridade. Em Jesus Ele chegava à sintonia de quem superou já todas as alienações.

---

58. EBERT, H. "Die Krise des Osterglaubens". *Hochland* 60 (1968), p. 300-331, 325. • BROER. "Das leere Grab. Ein Versuch". *Fest der Auferstehung heute* (publicado por Th. Bogler) Ars Litúrgica, Maria Laach, 1968, p. 42-51, esp. p. 48. • SCHENKE, L. *Auferstehungsverkündigung und leeres Grab* – Eine traditionsgeschichtliche Untersuchung von Mk 16,1-8. Stuttgart: [s.e.], 1968, p. 33ss.

Não era somente o órgão de Deus no mundo. Era Deus mesmo corporalmente presente. Por isso, se já em vida Ele exprimia a comunhão e a interioridade divina e humana, quanto mais agora pela ressurreição não fora tal capacidade potencializada ao máximo? Desde o primeiro momento Ele fora carne nova que ia crescendo em idade e graça até lograr a plenitude pela ressurreição. Por aí, parece-nos podermos afirmar, com boas razões teológicas, a identidade pessoal do corpo de Jesus sárquico com o pneumático. Contudo, como sempre insistimos e já o fazia Tomás de Aquino: "Ressuscitando, Cristo não retornou à vida comumente conhecida pelos homens, mas assumiu a vida imortal e conforme com Deus" (Sum. Theol. III, q. 75, a. 2).

Contudo, o fato decisivo para a fé na ressurreição é constituído pelas aparições, interpretadas, como vimos há pouco, dentro de duas categorias de pensar que estavam à disposição dos discípulos: a apocalíptica e a escatológica. A exegese católica, como em J. Kremer, H. Ebert, Ph. Seidensticker, A. George, A. Kehl e outros[59], estudou bem a evolução por que passaram as representações: desde as espiritualizantes em Paulo e Mateus, com concretizações crescentes por motivos apologéticos em Lucas e João, até as maciças representações da ressurreição de Jesus nos apócrifos, especialmente no evangelho apócrifo de São Pedro, na *Epistula Apostolorum* e no fragmento 7 do evangelho

---

59. Cf. GEORGE. A. Les récits d'apparitions aux Onze à partir de Luc 24, 36-53. In: *La Résurrection du Christ et l'exégèse moderne*. Op. cit., p. 55-74. • KEHL, M. "Eucharistie und Auferstehung. Zur Deutung der Ostererscheinungen beim Mahl". *Geist und Leben* 43 (1970), p. 90-125 esp., p. 113-125.

aos hebreus[60]. Caso à parte dentro da teologia católica ocupa o discípulo de M. Schmaus o teólogo e filósofo leigo H.R. Schlette[61].

## 4. H.R. Schlette: A ressurreição é uma interpretação retroativa sobre a vida de Jesus

Pano de fundo da interpretação de Schlette é seu conceito de epifania como história. Típico da teologia do Antigo Testamento é não a narração histórico-factual, mas a detectação do sentido latente dentro dos fatos. Ver a mão de Deus no coração da história é detectar sua epifania no mundo. Com a história de Jesus os apóstolos fizeram o mesmo processo. A vida de Jesus foi a máxima epifania de Deus: pregou o amor universal, entendeu-se como serviço para os outros e foi fiel à sua mensagem em nome de Deus, até à morte. Após sua morte os discípulos se reúnem, falam e se lembram dele, comentam suas palavras. "Parecia-lhes a eles impossível pensar que esse Jesus estivesse morto e relegado ao passado como Abraão, Davi e Jeremias; quando falam dele, reúnem-se, comem e bebem juntos, assim creem eles, Ele está com eles. Javé, que o enviou, deixa-o agora vivo no meio deles"[62]. Pode bem ser – o que é difícil de constatar historicamente – que nessa atmosfera se deram sinais e fenômenos, interpretados como a mão de Deus, assegurando

---

60. Cf. os textos recolhidos e publicados por SEIDENSTICKER, P. *Zeitgenoessische Texte zur Osterbotschaft der Evangelien*. Stuttgart: [s.e.], 1967, p. 55-65.

61. *Epiphanie ala Geschichte*. München, 1966: [s.e.], p. 66-83.

62. Ibid., p. 70-71.

entre eles a verdade: "Jesus e sua mensagem não se acabaram"[63]. Essa reflexão interpretativa e retrospectiva sobre a vida passada de Jesus, decifrando ali a máxima revelação epifânica de Deus, levou os apóstolos à afirmação: Ele ressuscitou verdadeiramente. Essa interpretação é legítima, pondera Schlette, para aquele que em sua fé consegue ver a epifania de Deus na história de Jesus. Ele não pode mais que afirmar: De fato Ele vive[64].

### Tomada de posição

Essa interpretação de Schlette, marcadamente influenciada por W. Marxsen, recebeu forte contestação no campo católico[65]. Sua elaboração não se confronta com os textos do Novo Testamento que constituem as únicas fontes e pontos de partida para qualquer reflexão acerca da fé pascal. Não cai Schlette na psicologização da Escola de Tübingen com Strauss à sua frente? Ele aplica um esquema desenvolvido em confronto com a teologia do Antigo Testamento para um fenômeno novo e sem paralelos na história. Com isso ele força situações e não corresponde à falta de qualquer patos e à despreocupação descritiva das fórmulas mais primitivas acerca da ressurreição em 1Cor 15,3-5 e At 2–5.

---

63. Ibid., p. 71.

64. Ibid., p. 74-75.

65. Apreciaram a concepção de Schlette: RATZINGER, J. *ThR* 63 (1967), p. 34-36. • VOEGTLE, A. "Epiphanie als Geschichte". *Oberheinisches Pastoralblat*, jan. 1967, p. 9-14. • SCHUBERT, K. Interpretament Auferstehung. *Wort und Wahrheit*, 1968, p. 78-80; apoiou decididamente a Schlette: BRÄNDLE, M. Musste das Grab leer sein? Op. cit., p. 108-109.

## III. Conclusão

A sumária exposição das principais tendências acerca da fé na ressurreição deixa entrever que a frase *Jesus ressuscitou* não é simples. Não se trata num primeiro momento de negar ou afirmar a ressurreição. Trata-se antes de tudo de saber o que se entende por ressurreição, como as fontes neotestamentárias a interpretam e como a tradição refletiu sobre esses dados. Não é sinal de ortodoxia repetir velhas fórmulas sem o esforço de auscultar o presente e as perguntas que este coloca. Há heresias que se fazem no zelo em manter a tradição intocável. A verdade cristã só permanece vida e não uma coisa museal se for traduzida nas várias linguagens de nosso tempo. Só assim, diz-nos a *Gaudium et Spes* (n. 44), "a verdade revelada pode ser percebida sempre mais profundamente, melhor entendida e proposta de modo mais adequado". É nesse sentido que tentaremos encaminhar algumas reflexões de ordem sistemática acerca da verdade central de nossa fé. Antes porém, a título de orientação, convém referir, sumariamente, o atual estado da exegese sobre os textos que falam da ressurreição.

# III
# O caminho da exegese crítica sobre os textos da ressurreição

Os estudos exegético-críticos acerca dos textos da ressurreição tornaram-se um *mare magnum,* a ponto de ser difícil para os próprios especialistas poder orientar-se. O que aqui apresentamos quer ser apenas uma indicação das pistas pelas quais caminha hoje a exegese tanto católica quanto protestante[1]. Isso nos ajudará a compreender melhor as várias interpretações acima arroladas e deverá servir de base para nossas reflexões de ordem sistemática.

## 1. Como era a pregação primitiva sobre a ressurreição?

Os exegetas estão de acordo que a pregação primitiva da Igreja sobre a ressurreição não deve ser buscada nos evangelhos nem em São Paulo, mas sim nas fórmulas pré-paulinas e pré-sinóticas, que através dos métodos morfocríticos descobrimos assimiladas em São Paulo, nos evangelhos e especialmente nos Atos[2]. Nos discursos de Pedro

---

1. Cf. a bibliografia já arrolada nos n. 4 e 5.

2. Cf. DELLING, G. Die Bedeutung der Auferstehung Jesu für den Glauben an Jesus Christus. Ein exegetischer Beitrag. In: *Die Bedeutung der Auferstehungsbotschaft.* Op. cit., p. 67-90. • SEIDENSTICKER, P. *Die Auferstehung Jesu.* Op. cit., p. 9-58. • KREMER, J. *Das älteste Zeugnis.* Op. cit., p. 25ss.

em At 2–5 e em Paulo 1Cor 3–5 encontramos essas fórmulas antigas. Paulo diz expressamente que "transmite aquilo que ele mesmo recebeu" (1Cor 15,3). O próprio estilo literário de 1Cor 15,3-5 trai a antiguidade da fórmula que Paulo já encontrou fixa na comunidade de Jerusalém por volta do ano 35 quando de sua primeira viagem àquela cidade[3]. A estrutura formal rígida é a mesma nos Atos e em 1Cor 15,3-5: a) Cristo morreu [...] foi sepultado; b) foi ressuscitado (ou Deus o ressuscitou: At 2,4); c) segundo as Escrituras; d) apareceu a Kefas e depois aos doze (ou "E disso nós somos testemunhas": Antigo Testamento 2,32).

Nos discursos de Pedro nos Atos (2–5) a mensagem pascal é anunciada dentro de duas categorias de pensamento: uma apocalíptica e outra escatológica. Na apocalíptica, que florescia no judaísmo pós-exílico, havia a ideia do justo sofredor, humilhado e exaltado por Deus (cf. Sb 5,15s.). Isso tornou-se um *leitmotiv* da cristologia antiga como em Lc 24,26 e Fl 2,6-11: "Ele se humilhou a si mesmo, por isso Deus também o exaltou". Nos discursos de Pedro encontramos semelhante explicação do acontecimento pascal: "Vós o matastes [...] contudo foi elevado à direita de Deus" (At 2,24.33). Mais adiante: "Deus o exaltou à sua destra como Autor (da vida) e Salvador" (5,30.31; cf. 3,13-15). Com muita probabilidade esse esquema está ligado ao outro do ocultamento de Jesus (cf. At 3,21) como ao do Profeta Henoc e Elias. Assim como Elias foi "arrebatado" ao céu (2Rs 2,9-11; 1Mc 2,58) da mesma forma Jesus (At

---

3. KREMER, J. *Das älteste Zeugnis.* Op. cit., p. 25-30.

1,9-11.22; Mc 16,19; Lc 9,51; 1Tm 3,16; 1Ts 4,16.17; Ap 13,5). O emprego desta terminologia pôde certamente ser sugerido pelo fato do desaparecimento do corpo de Cristo (Mc 16,6; Mt 28,5; Lc 24,3.12; Jo 20,2) ao qual os textos dão certa importância. O Jesus de São João fala a linguagem primitiva do anúncio pascal. A ressurreição é entendida como elevação, glorificação e um ir para o Pai. Essa concepção está ligada ao tema do Messias, do Filho do Homem e do Servo Sofredor que é exaltado. Assim são nos Atos interpretados os salmos 110 (At 2,34s.) e 2 (At 4,26). Os fatos pascais são vistos como a entronização do Messias-Rei como "Senhor e Cristo" (Sl 2; At 2,36), sua elevação como "Senhor e Salvador" (5,31). A mensagem pascal é interpretada ainda por uma outra categoria de pensamento, a escatológica. Segundo esta, esperava-se para o final dos dias a ressurreição dos mortos. Os apóstolos viram na ressurreição de Jesus a realização de um fato escatológico. Se falam e anunciam a ressurreição isso significa, nos moldes das categorias bíblicas, ressurreição real e corporal. Vida sem corpo – embora glorificado (Mc 13,43) – é para um judeu impensável. Como as manifestações de Jesus mostravam um Jesus glorificado, no uso da terminologia de ressurreição, fazia-se necessário deixar clara a identidade entre o crucificado e o glorificado. Os textos dos Atos (cf. 2,23; 3,15; 5,30) acentuam essa identidade, bem como mais tarde, frente aos gregos, Lucas e João. Essa terminologia recalcou em grande parte a outra de origem apocalíptica. Isso por motivos óbvios, porque frente à negação do fato da ressurreição se devia acentuar a realidade da transfiguração da existência terrestre de Jesus. Por aí vemos que os fenômenos das aparições, das falas de Jesus vivo após a crucificação e do sepulcro vazio não foram logo interpretados como ressurreição da carne, mas como elevação e glorificação do justo sofredor. Esta interpretação parece ter sido a mais antiga[4]. Evidentemente ela pressupõe também o Cristo vivo e transfigurado e o sepulcro vazio. Mas a isso não se chamou ainda de ressurreição. Mais tarde, devido às polêmicas e por motivos querigmáticos, os fenômenos acima referidos foram mais adequadamente interpretados como ressurreição, no sentido de total transfiguração da realidade terrestre de Jesus. Por isso a ressurreição é sempre referida à história de Jesus: à sua morte e sepultamento.

A interpretação dos fenômenos pascais como ressurreição já vem testemunhada por Paulo em 1Cor 15,3-5, como referimos acima[5]. A expressão "foi ressuscitado ao terceiro dia" pode ser uma reminiscência histórica. Mas é também uma expressão oriental para dizer: Cristo permaneceu só temporariamente na sepultura. Segundo a crença geral após esse espaço de tempo a vida se separaria definitivamente do cadáver. Quatro dias significaria permanência de-

---

4. SEIDENSTICKER, P. *Die Auferstehung Jesu.* Op. cit. p. 17.

5. Além da obra de Kremer acima citada, cf. ainda: MUSSNER, F. "Schichten" in der paulinischen Theologie, dargetan an Ikor 15. *Biblische Zeitschrift* 9 (1965), p. 59-70. • GNILKA, J. Das chistologische Glaubensbekenntnis IKor 15,3-5. In: *Jesus Christus nach frühen Zeugnissen des Glaubens.* München: [s.e.], 1970, p. 44-60 com a vasta bibliografia aí citada. • WINTER, P. "1Corinthians XV 3b-7". *NT* 9 (1957), p. 142-150.

finitiva (cf. Didaqué 11,5)[6]. A expressão "segundo as Escrituras" não precisa se referir a nenhuma passagem explícita. Apenas quer exprimir a unidade da ação salvífica: o Deus que agiu outrora no Antigo Testamento agiu agora maximamente ressuscitando a Cristo. A referência aos testemunhos não precisa ser cronológica. A aparição a Pedro aparece já na fórmula, uma das mais antigas de todo o Novo Testamento: "Jesus Cristo ressuscitou verdadeiramente e apareceu a Simão" (Lc 24,34). A aparição a 500 irmãos de uma vez só não precisa ser tomada ao pé da letra[7]. Talvez essa aparição seja a mesma indicada por Mt 28,16ss. no monte na Galileia. A referência de uma aparição a Tiago fala em favor da credibilidade desse testemunho paulino, porque o grupo de Tiago (Gl 2,12) se distanciara desconfiado do evangelho de Paulo acerca da liberdade cristã frente ao culto da Lei do judaísmo bíblico.

As fórmulas de fé em 1Cor 15 e em At 2–5 deixam entrever, por sua formulação rígida, que a ressurreição não é nenhum produto da fé da comunidade primitiva, mas testemunho de um impacto que se lhes impôs. Não é nenhuma criação teológica de alguns entusiastas pela pessoa do Nazareno, mas testemunho de fenômenos acontecidos depois da crucificação e que os obrigava a exclamar: Jesus res-

---

6. Cf. LEHMAN, K. *Auferveckt am dritten Tag nach der Schrift*. Op. cit., p. 262-290. • GNILKA, J. *Das christologische Christusbekenntnis IKor 15,3-5*. Op. cit., p. 55. • Metzger, M. "A Suggestion concerning the meaning of 1Cor 15,4b". *JThSt* 8 (1957), p. 123. • DUPONT, J. "Ressuscite 'le troisième jour'". *Biblica* 40 (1954), p. 742-761.

7. KREMER, J. *Das älteste Zeugni*. Op. cit., p. 71.

suscitou verdadeiramente. Esse pequeno credo proclama os *magnalia Dei* realizados em Jesus e corresponde ao credo do povo judeu no Dt 26,5-11[8]. O sepulcro vazio não é objeto de pregação, mas é antes suposto. As aparições são sempre atestadas como fundamento das duas possíveis interpretações seja como elevação-glorificação do justo de Deus, seja como ressurreição no sentido de uma ação de Deus transfigurando em vida nova de glória o Crucificado[9].

## 2. De onde veio a convicção dos apóstolos na ressurreição de Jesus?

Ninguém viu a ressurreição. O evangelho apócrifo de São Pedro, descoberto em 1886 (surgiu por volta de 150 d.C. na Síria), narra o modo como Cristo ressuscitou diante dos vigias e dos anciãos judeus. Mas a Igreja não o reconheceu como canônico[10], porque certamente já a consciência cristã cedo percebeu que assim maciçamente não se pode falar da ressurreição do Senhor. Possuímos apenas testemunhos que atestam duas coisas: o sepulcro está vazio e houve várias aparições do Senhor vivo a determinadas pessoas. Devemos, portanto, analisar as tradições que falam do sepulcro vazio e aquelas que referem aparições. Grande número de exegetas, independentemente de sua confissão re-

---

**8.** Cf. GOPPELT, L. Das Osterkerygma heute. In: *Diskussion um Kreuz und Auferstehung.* Op. cit., p. 213.

**9.** Cf. SCHNACKENBURG, R. "Zur Aussgeweise Jesus ist (von Toten) auferstanden". *Biblische Zeitschrift* 13 (1969), p. 1-17.

**10.** Cf. o texto em SEIDENSTICKER, P. *Zeitgenoessiche Texte.* Op. cit., p. 59-62.

ligiosa, chegou à seguinte conclusão: primitivamente ambas as tradições circulavam autonomamente, uma ao lado da outra[11]. Em Mc 16,1-8, onde se narra a descoberta do sepulcro vazio pelas mulheres, temos já trabalho redacional combinando as duas tradições. A ligação, porém, não se ajustou bem.

Os textos revelam tensões, ocasionadas pelos versos 5-7, que tiram a unidade do relato. Se lermos Mc 16,1-5a.8, a homogeneidade do relato transparece límpida: As mulheres vão ao sepulcro; encontram-no vazio. Fogem. De medo nada contam a ninguém. A aparição do anjo com sua mensagem (5b-7) seria um acréscimo tirado da outra tradição que só conhece aparições e não o sepulcro vazio. Qual a função do relato do sepulcro vazio, testemunhado pelos quatro evangelistas? Qual o seu *Sitz im Leben?*

*a) O sepulcro vazio não deu origem à fé na ressurreição*

Obviamente a tradição do sepulcro vazio se formou em Jerusalém. A pregação da ressurreição de Jesus se teria tornado impossível na cidade santa se o povo pudesse mostrar o corpo de Jesus no sepulcro. Ademais a antropologia bíblica implica sempre o corpo em qualquer forma de vida, mesmo a pneumática. Os inimigos, seja nos tempos apostóli-

---

11. Cf. DELORME, J. Résurrection et tombeau de Jésus: Marc 16,1-8 dans la tradition évangélique. In: *La Résurrection du Christ et l'exégèse moderne.* Op. cit., p. 75-104 com a bibliografia aí citada; cf. ainda LOHFINK, G. "Die Auferstehung Jesu und die historische Kritik". *Bibel und Leben* 9 (1968), p. 37-53.• SCHENKE, L. *Auferstehungsverkündigung und leeres Grab.* Stuttgart: [s.e.], 1968.

cos, seja nas polêmicas rabínico-cristãs da literatura talmúdica, jamais negaram o sepulcro vazio. Interpretaram-no de modo diverso, como roubo por parte dos discípulos (Mt 28, 13) ou como quer recentemente D. Whitaker, roubo perpetrado por violadores de túmulos[12]. Exegetas tanto católicos quanto protestantes afirmam um núcleo central histórico, anterior aos evangelhos[13]. As mulheres encontraram o sepulcro vazio. Esse núcleo histórico foi tradicionado em ambientes cultuais. É sabido que os judeus veneravam os túmulos dos profetas[14]. Assim semelhantemente desde cedo os cristãos começaram a venerar os lugares onde se realizou o mistério cristão em Jerusalém. Dramatizavam-no em três momentos principais: uma recordação (anamnese) da última noite de Jesus, por ocasião do ágape fraternal; uma liturgia da Sexta-feira Santa na hora em que se celebravam as orações judias; e uma ação litúrgica na manhã de Páscoa com uma visita ao sepulcro de Jesus[15]. Por isso os textos do relato do encontro do sepulcro vazio mostram um interesse

---

12. What happened to the body of Jesus. *The Expository Times* 81 (1970), p. 307-310, esp., p. 310.

13. Especialmente SEIDENSTICKER, P. *Die Auferstehung Jesu.* Op. cit., p. 77-83, p. 90; • PANNENBERG, W. *Grundzüge der Christologie.* Op. cit., p. 97-103. • FÜLLER, D. "The Ressurrection of Jesus and the Historical Method". *Journal of Bibel and Religion* 34 (1966), p. 18-24.

14. Cf. JEREMIAS, J. *Heilige Gräber in Jesu Umwelt.* Göttingen: [s.e.], 1958.

15. Cf. SCHILLE, G. "Das Leiden des Herrn: die evangelische Passionstraditionen und ihr Sitz im Leben". *Zeitschrift für Theologie und Kirche* 52 (1955), p. 161-205. • DELORME, J. Resurrection et tombeau de Jesus. Op. cit., p. 125-129. • BODE, E.L. "A Liturgical Sitz im Leben for the Gospel Tradition of the Women's Easter Visit of the Tomb of Jesus?" *The Catholic Biblical Quarterly* 32 (1970), p. 237-242 afirmando a tese, como "very possible" (242).

especial pelo lugar: "Ele não está aqui. Vede o lugar onde o depositaram" (Mc 16,6b). Essa tradição, porém, não se preocupou em dar exatamente os detalhes. Basta comparar os paralelos sinóticos e João para se observar as divergências (no número de mulheres; no número de anjos; divergências nos motivos por que as mulheres foram ao sepulcro; diferença de horário; diferença na mensagem do anjo; diferença na reação das mulheres frente ao sepulcro vazio). O relato contudo atém-se ao essencial: O Senhor vive e ressuscitou. O sepulcro está vazio. O fato do sepulcro vazio, porém, não é feito, em nenhum evangelista, prova da ressurreição de Jesus. Em vez de provocar fé originou medo, espanto e tremor, de sorte que "elas fugiram do sepulcro" (Mc 18,6; Mt 28,8; Lc 24,4)[16]. O fato do sepulcro vazio foi imediatamente interpretado por Maria Madalena como roubo (Jo 20,2.13.15). Para os discípulos ele não passa de um diz que diz que de mulheres (Lc 24,11.22-24.34). O sepulcro vazio por si só é um sinal ambíguo, sujeito a várias interpretações. Somente a partir das aparições sua ambiguidade é dilucidada e pode ser lido pela fé como um sinal da ressurreição de Jesus. As aparições são concedidas a testemunhas escolhidas. O sepulcro vazio é um sinal que fala a todos e leva a refletir na possibilidade da ressurreição. É um convite à fé. Não leva ainda à fé.

---

16. A visita de Pedro e João ao sepulcro vazio em Jo 20,8 parece não ser uma reminiscência histórica, mas uma construção teológica do autor do Evangelho de João, no sentido de colocar o chefe do grupo joaneu junto do chefe da Igreja, Pedro: cf. BENOIT, P. *Passion et Resurrection du Seigneur*. Op. cit., p. 284-286.

Um problema à parte oferece a aparição dos anjos junto ao sepulcro. A interpretação tradicional vê de fato neles seres supraterrestres e verdadeiros anjos. Contudo, sem questionarmos a existência dos anjos, deve-se dizer que esta interpretação, mesmo dentro dos critérios bíblicos, não é a única possível. O anjo (mal'ak Jahwe) está no lugar de Javé, cuja transcendência o judeu reafirmava absolutamente, de sorte que em vez de dizer Javé dizia Anjo de Javé (Gn 22,11-14; Ex 3,2-6; Mt 1,20). Outra interpretação poderia ser a seguinte: as mulheres encontram o sepulcro vazio e logo atinam com a ressurreição de Jesus. Esta ideia é interpretada como uma iluminação de Deus. Exprimem-na na linguagem literária da época como sendo uma mensagem do anjo (Deus). Outra interpretação possível, e que se coaduna melhor com a análise que expusemos acima, articularia-se da seguinte forma: as mulheres vão ao sepulcro. Encontram-no vazio. Estão desapontadas e com medo. Nesse entretempo regressam os apóstolos da Galileia, onde tiveram aparições do Senhor. O testemunho deles é unido ao das mulheres. A mensagem dos apóstolos: "O Senhor ressuscitou verdadeiramente e apareceu a Simão" (Lc 24,34, talvez a fórmula mais antiga) é considerada como uma revelação de Deus e expressa na linguagem da época, colocando-a na boca de um anjo (Deus). A fé na ressurreição não encontrou sua origem na descoberta do sepulcro vazio e no testemunho das mulheres, mas nas aparições dos apóstolos. Por isso a preocupação de Mc 16,7 de fazer as mulheres irem a Pedro e aos discípulos e comunicarem-lhes a mensagem do anjo. Eles souberam do sepulcro vazio primeiro pelas mulheres. Por isso eles podem responder às calúnias dos judeus – de que tinham raptado o corpo de Jesus – que por si mesmos nada sabiam do sepulcro vazio. Mt 28,11-16 (o conluio dos vigias com o sumo sacerdote) revela uma clara tendência apologética de Mateus. Na forma de uma "estória" ele quer tornar ridícula a calúnia dos judeus acerca do roubo do corpo de Jesus[17].

## b) As aparições de Cristo, origem da fé na ressurreição

A profissão de fé na ressurreição de Jesus é a resposta às aparições. Só elas tiraram a ambiguidade do sepulcro vazio e deram origem à exclamação dos apóstolos: Ele ressuscitou verdadeiramente! Os evangelhos, *em nível redacional*, transmitem-nos os seguintes dados: as aparições são descritas como uma presença real e carnal de Jesus. Ele come, caminha com os discípulos; deixa-se tocar, ouvir e dialoga com eles. Sua presença é tão real que pôde ser confundido com um viandante, com um jardineiro e com um pescador. Contudo, ao lado destas representações maciças, há afirmações que não se coordenam mais com aquilo que conhecemos do corpo: o Ressuscitado não está mais ligado ao espaço e ao tempo. Aparece e desaparece. Atravessa paredes. E nós nos perguntamos: Quando isso acontece podemos falar ainda com propriedade de corpo?

Se considerarmos as aparições *ao nível da história das tradições* (das quais se originaram os evangelhos como os temos

---

17. Cf. KREMER, J. *Die Osterbotschaft*. Op. cit., p. 25-28.

hoje), o problema se apresenta bem mais complexo. Aqui se verifica o seguinte fenômeno: de uma representação espiritualizante da ressurreição como em 1Cor 15,5-8; At 3,15; 9,3; 26,16; Gl 1,15 e Mt 28, passa-se para uma materialização cada vez mais crescente como em Lucas e João, nos evangelhos apócrifos de Pedro e aos Hebreus[18]. A necessidade apologética obrigou os hagiógrafos a tais concretizações. Ademais, as aparições, quanto mais recentes são os textos, tanto mais se concentram em Jerusalém e mais são aproximadas ao tema do sepulcro vazio. Um problema à parte é o das indefinidas tentativas de harmonização entre as aparições relatadas em 1Cor 15,5-8 e as narradas nos evangelhos[19]. Paulo refere cinco aparições do Senhor vivo. Mc 16,1-8 não conhece nenhuma aparição, mas diz claramente que Cristo se deixará ver na Galileia (7b). O final de Mc (16,9-20) condensa as aparições relatadas nos outros evangelhos e, com boas razões, pode ser considerado um acréscimo posterior. Mt 28,16-20 conhece uma só aparição aos Onze, na Galileia, "sobre o monte que Jesus lhes indicara". A aparição às mulheres, às portas do sepulcro vazio (28,8-10), é vista pelos exegetas como uma elaboração ulterior sobre o texto de Mc 16,7: as palavras do Ressuscitado são notavelmente semelhantes às do anjo[20]. Lucas refere duas aparições, uma aos discípulos no caminho de Emaús e

---

18. Cf. GRASS, H. *Ostergeschehen und Osterberichte.* Op. cit., p. 94-112; p. 186-232.

19. Cf. KREMER, J. *Das alteste Zeugnis.* Op. cit., p. 65-82.

20. KREMER, J. *Die Osterbotschaft.* Op. cit., p. 39-41.

outra aos Onze e a seus discípulos em Jerusalém (24,13-35. 36-53). Jo 20 refere três manifestações do Senhor, todas elas em Jerusalém. Jo 21, considerado como um apêndice posterior ao Evangelho, refere outra aparição no Lago de Genesaré, na Galileia. Contudo, a interpretação desse capítulo é mais coerente se admitirmos que seja a reelaboração de uma tradição pré-pascal acerca do chamamento dos discípulos (Lc 5,1-11), agora recontada à luz da novidade da ressurreição com a clara intenção de relacionar o ministério de Pedro com o poder do Cristo ressuscitado. Os relatos revelam duas tendências fundamentais: Marcos e Mateus concentram seu interesse na Galileia enquanto Lucas e João em Jerusalém, com a preocupação de ressaltar a realidade corporal de Jesus e a identidade do Cristo ressuscitado com Jesus de Nazaré. A harmonização, feita geralmente pela exegese católica, afirmando que primeiro Cristo teria aparecido em Jerusalém e depois na Galileia, está sendo abandonada. As dificuldades dos textos, da maneira das aparições e o melhor conhecimento das tradições e do trabalho redacional dos hagiógrafos, induzem a concluir pelo seguinte: as aparições na Galileia têm mais fundamento histórico; as de Jerusalém seriam elaboração de caráter mais teológico das vivências na Galileia, com a intenção de relevar o significado histórico-salvífico da cidade e da comunidade primitiva aí formada. "A salvação vem de Sião" (Sl 13,7; 109,2; Is 2,3; cf. Rm 11,26). Is 62,11 diz: "Eis que o salvador vem para ti, filha de Sião". A historia da salvação atinge em Jerusalém seu termo e sua plenitude. Lucas tanto no evangelho quanto nos Atos, frisa esse motivo teológico ligado à cidade: Páscoa e Pentecostes se realizam aí. O Ressuscitado será anunciado, começando em Jerusalém até os confins do orbe (Lc 24,47; At 1,8). Essa tendência é mais acentuada ainda no Evangelho de São João: o Cristo joaneu age de preferência em Jerusalém por ocasião das festas do povo. A tradição da Galileia interpretara a páscoa de Jesus não tanto como ressurreição da carne, mas como a elevação, glorificação e manifestação do Filho do Homem (cf. Dn 7,13ss.), agora sentado à direita de Deus, utilizando a linguagem do mundo apocalíptico. Mt 28,16-20, representante da tradição da Galileia, apresenta o Cristo ressuscitado constituído em Poder como Filho do Homem, transmitindo esse mesmo poder à sua Igreja enviando-a à missão. O Reino imperecível (Dn 7,14) é "traduzido" pela presença constante de Cristo na Igreja (Mt 28,19). A ressurreição é vista como a Parusia do Filho do Homem agora presente na comunidade (cf. 2Pd 1,16s.)[21].

A pregação e a catequese da Páscoa de Cristo, elaboradas no horizonte da compreensão dos leitores e ouvintes gregos, obrigaram a uma tradução desta interpretação, na linha da ressurreição da carne. O querigma fundamental agora na tradição do tipo de Jerusalém (Lc e Jo) soa da seguinte forma: "Eu estava morto. Mas eis que agora vivo pelos séculos dos séculos. Eu tenho as chaves da morte e do inferno" (Ap 1,18; cf. Rm 6,10). O problema que surge reside em salvaguardar a realidade da ressurreição. Cristo vive re-

---

21. Cf. SEIDENSTICKER, P. *Zeitgenoessische Texte.* Op. cit., p. 43-50. • Id. *Die Auferatehung Jesu.* Op. cit., p. 43-56.

almente e não é um "espírito" (Lc 24,39) ou um "anjo" (At 23,8-9). Daí a preocupação em relevar a identidade do Ressuscitado com Jesus de Nazaré, descrever e tocar suas chagas (Lc 24,39; cf. Jo 20,20.25-29) e acentuar que Ele comeu e bebeu com seus discípulos (At 10,41) ou que Ele comeu diante deles (Lc 24,43). Os relatos de vivências do Ressuscitado por pessoas privadas, como Maria Madalena (Jo 20,14-18; cf. Mt 28,9-10) ou dos jovens de Emaús (Lc 24,13-35), são cercados de motivos teológicos e apologéticos dentro do esquema literário das legendas para deixar claro aos leitores a realidade do Senhor vivo e presente na comunidade. Exemplo clássico de tal preocupação é o relato dos jovens de Emaús[22]. O modo como os dois jovens chegaram à fé no Ressuscitado é apresentado como modelo para os leitores: deixar-se instruir pelas Escrituras que falam de Cristo e deixar que os olhos se abram pela "fração do pão", isto é, pela Eucaristia. É o caminho pelo qual nós ainda hoje chegamos à fé na novidade pascal, pela palavra e pelo sacramento. O relato de Emaús (Lc 24,13-35) segue um estilo literário típico de Lucas, utilizado também em Atos (8,26-39) ao narrar a conversão do camareiro etíope por Filipe. Em ambas as narrações encontram-se os seguintes paralelos: o Ressuscitado ou Filipe inspirado pelo Espírito explica o Antigo Testamento e o relaciona a Cristo. No final o cama-

---

22. Cf. DUPONT, J. "Le repas d'Emmaus". *Lumière et Vie* 31 (1957), p. 77-92. • ORLETT. "An Influence of the Early Liturgy upon the Emmaus Account". *Catholich Biblical Quarterly* 21 (1959), p. 212-219. • KEHL, M. "Eucharistie und Auferstehung. Zur Deutung der Ostererscheinungen beim Mahl". *Geitit und Leben* 43 (1970), p. 90-125, esp. p. 101-105.

reiro ou os dois jovens externam um pedido. O ponto culminante do relato reside na recepção de um dos sacramentos que na Igreja primitiva eram fundamentalmente dois, a Eucaristia e o Batismo. Assim, a fé na ressurreição, para os tempos pós-apostólicos, baseia-se na pregação e nos sacramentos da Igreja que testemunham e tornam presente e visível o Cristo Ressuscitado. Mesmo que não houvesse sepulcro vazio e aparições, seria ainda possível e válida a fé na ressurreição. Por causa da Igreja. Esse é o sentido último intencionado pelo relato da dúvida de Tomé em Jo 20 com a conclusão: "Felizes os que não veem e apesar disso creem" (20,29).

## 3. Tentativa de reconstrução dos acontecimentos pascais

Do exposto acima, dois fatos resultam claros e indiscutíveis: o sepulcro vazio e as aparições aos discípulos. Esses, porém, foram tradicionados e revestidos de várias tendências, conforme as necessidades do momento: necessidades de ordem teológica, apologética, catequética e cúltica. Reconstruir por isso os acontecimentos pascais constitui uma tarefa arriscada com resultados muito fragmentários e questionáveis. Contudo a fé que não se baseia num mito, mas numa história sempre mostrará interesse pelo "como foi" a fim de eruir mais profundidade para "o que isso significa para mim". Os relatos da ressurreição, como os temos agora, teriam como pano de fundo histórico os seguintes pontos[23]:

---

23. Cf. especialmente SEIDENSTICKER, P. *Die Auferstehung Jesu.* Op. cit., p. 77-83.

*a)* A prisão de Jesus que fez realizar o que Ele prevenira: "todos irão escandalizar-se de mim" (Mc 14,27; Mt 26,31). Os discípulos fogem (Mc 14,50; Mt 26,56).

*b)* Eles o reveem ressuscitado primeiramente na Galileia (Mc 14,28; Mt 26,32; Mc 16,7; Mt 28,7.16-20). Muito possivelmente, o relato dos jovens de Emaús está subordinado ao regresso dos discípulos à Galileia, após o fracasso de Jesus em Jerusalém.

*c)* Um dia depois do sábado as mulheres têm as primeiras vivências pascais. O nome e o número das mulheres variam nos quatro evangelhos. Só Maria Madalena ocorre em todos eles. Elas vão ao sepulcro levar aromas (Lc 24,1; Mc 16,1). Nada sabem da sepultura selada (Mt 27,66). Encontram o sepulcro aberto e sem o corpo de Jesus (Jo 20,1; Mc 16,4; Mt 28,2; Lc 24,2). Fogem com medo e vão informar os apóstolos (Mt 28,8; Lc 24,9s.23; Jo 20,2s.; Mc 16,7).

*d)* Um fato determinante para a fé na ressurreição deu-se algum tempo depois (cf. "depois de seis dias": Mc 9,2; Mt 17,1 ou "uns oito dias depois": Lc 9,28)[24] na Galileia (Mc 16,7; Mt 28,7.16-20; cf. Mc 14,28; Mt 26,32).

---

24. Já aludimos acima que a frase "ressuscitou ao terceiro dia" não contém uma reminiscência histórica, mas é antes uma proposição dogmática. Cristo apareceu alguns dias após. A transfiguração de Cristo, colocada no tempo da vida terrestre de Cristo, contém traços claros de ser uma aparição do Ressuscitado reprojetada para o tempo antes de sua morte e ressurreição; agora como está, revela o processo de catequese da Igreja primitiva ainda em andamento onde elementos históricos de Cristo são retrabalhados com outros acontecidos depois da Páscoa do Senhor (anúncio da Paixão com o convite a seguir a Cristo no caminho da cruz: Mc 8,31-38 par): cf. SEIDENSTICKER, P. *Zeitgenoessische Texte. Op. cit.,* p. 48-50.

Cristo ressuscitado se deixa ver aos seus discípulos. Esses interpretam as aparições como encontros com Jesus de Nazaré agora elevado junto a Deus em vida eterna e em glória. Sobre as circunstâncias especiais de lugar, de modo e de número de discípulos pouco se pode, no atual estado da pesquisa, determinar exata e historicamente. Em todos os casos os discípulos viram nos acontecimentos pascais um fato escatológico, como realização plena e acabada da história de Jesus agora manifestado Messias e Filho do Homem e de toda a História da Salvação. Anunciar Jesus como o Salvador e Juiz universal e seu reinado sobre todas as coisas constitui a missão dos apóstolos e da Igreja.

Essa reconstrução é certamente precária. Porém ela contém os dados históricos fundamentais a partir dos quais emergiu a fé na ressurreição de Jesus como escândalo para muitos (cf. 1Cor 1,23; Antigo Testamento 17,32; 23, 6-9) e esperança e certeza de vida eterna para outros tantos (cf. 1Cor 15,50s.).

Resta saber o que significa para a teologia e para a existência humana de fé, hoje, a ressurreição de Jesus.

IV

# Reflexões de ordem sistemática:
o emergir do Novo Adão

Como anunciar e viver a fé na ressurreição de Jesus hoje dentro de nossa compreensão da existência? Se a ressurreição é a verdade fundamental do cristianismo e o motivo de nossa esperança, onde situá-la dentro de nosso horizonte? Para que problemática nossa, hoje, a fé na ressurreição seria uma luz e um ponto de orientação? Deve haver sempre uma correlação entre as verdades da fé e as experiências da vida. Sem isso a fé não se legitima e corre o risco de transformar-se numa ideologia religiosa.

## 1. Nosso horizonte de compreensão e fé na ressurreição

O homem essencialmente é *homo viator*; está em busca de si mesmo. Quer realizar-se em todas as suas dimensões. Não só na alma. Mas no homem todo, unidade radical corpo-alma. O pensar utópico é uma das constantes em todas as culturas, desde as mais primitivas, como entre nossos índios Tupi-guaranis e Apapocuva-guaranis[1], até nossos dias

---

1. Cf. LINDING, H. Wanderungen der Tupi-Guarani und Eschatologie der Apapocuva-Guarani. In: MÜHLMANN, W. *Chiliasmus und Nativismus* – Studien zur Psychologie, Soziologie und historischen Kazuistik der Umsturzbewegungen. 2. ed. Berlim: [s.e.], 1964, p. 19-40.

como num Teilhard de Chardin ou A. Huxley[2]. O homem quer superar todas as alienações que o afligem como a dor, a frustração, o ódio, o pecado e a morte. Quer plenitude e vida eterna. O princípio-esperança é uma estrutura existencial do ser-homem. "Quem me livrará deste corpo de morte?" (Rm 7,24). Todos os homens sonham com a situação descrita pelo Apocalipse "onde a morte não existirá mais, nem mais luto, nem prantos, nem fadiga, porque tudo isto já passou" (21,4). O homem de hoje se coloca mais que em outras gerações perguntas radicais acerca de seu futuro. A pergunta que mais lhe interessa não é tanto Quem é o homem?, mas Que será do homem? Que futuro lhe está destinado? Nietzsche sonhou com o super-homem, com um corpo de César e alma de Cristo[3], um santo de uma espécie nunca dantes existente, capaz de dominar com suma responsabilidade o mundo por ele mesmo criado. A ânsia de realização pessoal e cósmica do homem é sempre frustrada pela morte. Ela é uma barreira para todas as utopias. Que resposta dá o cristianismo a semelhante questionamento? É aqui que a fé na ressurreição, como o futuro absoluto do homem, ganha ressonância especial, como a teve outrora, no tempo de Jesus. A teologia judaica pós-exílica elaborou a utopia do Reino de Deus (nos seus vários modelos: político,

---

2. Cf. o enorme material acumulado nos três tomos de BLOCH, E. *Prinzip Hoffnung*. Frankfurt: [s.e.], 1959. • ELIADE, M. "Dimensions religieuses du Renouvellement cosmique". *Eranos Jahrbuch* 1959, p. 241-275; cf. "A Utopia". *Concilium,* jan. (1969), p. 130-145.

3. *Aus dem Nachlass der Achtzigerjahre*, em F. Nietzsche III, Darmstadt 1960, p. 422; cf. o histórico da ideia do Super-homem que tem origem cristã; depois foi secularizada por Jean Paul e aplicada a Napoleão em BENZ, E. "Der dreifache Aspekt des Übermenschen". *Eranos Jahrbuch* 1959, p. 109-192.

profético e sacerdotal) como a transformação radical dos fundamentos deste mundo e irrupção do novo céu e da nova terra, uma realidade totalmente reconciliada com Deus e consigo mesma[4]. O tempo de Cristo se caracteriza por essa efervescência e expectativa messiânico-escatológica (cf. Lc 3,15). O mundo helênico da mesma forma era pervadido por doutrinas de libertação. A gnose prometia redenção para a existência alienada do homem perdido no mundo. Coube a Hans Jonas mostrar em suas minuciosas pesquisas o quanto o mundo gnóstico se assemelha por sua temática e preocupações com o moderno existencialismo[5]. Num contexto assim foi anunciada a novidade absoluta do triunfo da vida sobre a morte, e como são verdadeiras aquelas palavras do Cântico dos Cânticos: "Tão forte como a morte é o amor" (8,6). Não só o evangelho da ressurreição se situa num tal horizonte de compreensão, mas principalmente a mensagem toda de Jesus, da qual a ressurreição constitui o dado central.

## 2. A ressurreição de Jesus: uma utopia humana realizada

Um homem se levanta na Galileia. Jesus de Nazaré, que mais tarde se revelou como sendo o próprio Deus em condição humana, ergue sua voz e anuncia: "Esgotou-se o

---

4. Cf. SCHNACKENBURG, R. *Gottesherrschaft und Reich*. 2. ed. Freiburg, 1961 com a enorme bibliografia aí trabalhada, esp. p. 1-48; cf. BRUNNER, P. "Elemente einer dogmatischen Lehre von Gottes Basileia". *Die Zeit Jesu* (Fest. para H. Schlier). Freiburg, 1970, p. 228-256.

5. JONAS, H. *Gnosis und spatantiker Geist* I, II. Goettingen: [s.e.], 1934.

prazo. O romper da nova ordem está próximo e esta será trazida por Deus. Revolucionai-vos em vosso modo de pensar e agir. Crede nessa alviçareira notícia" (cf. Mc 1,15; Mt 4,17). Com isso Cristo assume um elemento de utopia presente em todos os homens: a superação deste mundo alienado, levada a efeito por Deus. Reino de Deus, palavra que ocorre 122 vezes nos evangelhos e 90 vezes na boca de Cristo, significa uma revolução total e estrutural dos fundamentos desse mundo, introduzida por Deus. Reino de Deus não significa tanto algo de interior ou espiritual ou mesmo que vem de cima ou que se deva esperar fora deste mundo ou depois da morte. Em seu sentido pleno Reino de Deus é a liquidação do pecado com todas as suas consequências no homem, na sociedade e no cosmos, a transfiguração total deste mundo no sentido de Deus[6]. Os milagres de Jesus, mais que provar sua divindade, visam mostrar o reino presente em nosso meio[7]. Cristo mesmo diz: "Se eu com a mão de Deus expulso demônios, sem dúvida o Reino de Deus chegou até vós" (Lc 11,20). É um enfermo curado, então se manifesta aí a presença do Reino de Deus (Lc 10,9). Por isso grita Ele: "Bem-aventurados vós pobres, porque a vós pertence o Reino de Deus. Bem-aventurados vós que tendes fome, porque sereis saciados. Bem-aventurados os que ago-

---

6. Cf. BORNKAMM, G. *Jesus von Nazareth*. Stuttgart, 1956, p. 59. • BULTMANN, R. *Theologie des Neuen Testamentes*. 6. ed. Tübingen: [s.e.], 1965, p. 3. • BECKER, J. *Das Heil Gottes* – Heil- und Sündenbegriffe in den Qumrantexten und im Neuen Testament. Goettingen, 1964, p. 388-390. • BOFF, L. *Jesus Cristo Libertador*. Petrópolis: Vozes, 1972, p. 62-76.

7. Cf. FULLER, R.H. *Die Wunder Jesu in Exegese und Verkündigung*. Düsseldorf: [s.e.], 1967, p. 21; p. 121 etc.

ra chorais porque ireis rir" (Lc 6,20-21). Cristo mesmo já é a presença do novo homem na nova ordem. Aos seus olhos doenças são curadas (Mt 8,16-17; Mc 6,56). Aplacam-se tempestades (Mt 8,23-27) e o mar é posto a serviço do homem-rei (Lc 5,4-7), a fome é vencida (Mc 6,30-40), pecados são perdoados (Mc 2,5; Lc 7,48) e existe misericórdia para os lábeis (Jo 8,1-11), mortos ressuscitam e o luto se transfigura em alegria fraterna (Lc 7,11-17; Mc 5,41-43)[8]. Ao se levantar na Galileia anunciando a nova do reino, Cristo lê na sinagoga um tópico de Isaías que diz: "Para evangelizar os pobres, Ele me enviou a pregar aos cativos a liberdade, aos cegos a recuperação da vista, para pôr em liberdade os oprimidos e para anunciar um ano de graça do Senhor". E comenta Jesus: "Hoje se cumpre essa escritura que acabais de ouvir" (Lc 4,18-19.21). São João Batista no cárcere, em dúvida se Cristo era o Enviado de Deus para trazer o Reino da total libertação dos homens e de seu mundo, manda seus discípulos a Ele para perguntar-lhe: "És tu aquele que há de vir ou devemos esperar por outro?" A resposta não podia ser outra, pois que constitui o conteúdo de sua mensagem: "Cegos veem, coxos caminham, leprosos são purificados, surdos ouvem, mortos são ressuscitados e a boa notícia da libertação é anunciada aos pobres" (Mt 11,5). Aqui está o sinal da reviravolta total e estrutural. Aquele que conseguir introduzir isso será o libertador da humanidade. E Cristo se apresenta como o salvador do mundo.

---

8. Cf. o excelente artigo de MESTERS, C. "Jesus Cristo Deus conosco". *Grande Sinal* 24 (1970), p. 93-106, esp. p. 94-96.

Como transparece, Reino de Deus não pode ser privatizado para uma zona do homem como seja sua alma, os bens espirituais ou a Igreja. Reino de Deus abarca toda a realidade humana e cósmica que deve ser transfigurada e liberta de todo o sinal de alienação. Se o mundo permanecer como está, não pode ser a pátria do Reino de Deus. Deve ser transformado em suas estruturas totais. Daí o *Logion* do Jesus joaneu: "Meu reino não é deste mundo" (Jo 18,36), isto é, não é das estruturas ambíguas e pecadoras deste mundo mas *de Deus* em sentido objetivo de: é Deus que irá intervir e sanar em sua raiz a realidade total, elevando este mundo em novo céu e nova terra. Já Santo Agostinho comentava: Meu reino não é *deste* mundo mas está *neste* mundo. Elemento essencial do reino é a aniquilação da morte como o maior inimigo do homem em sua ânsia de realização e vida plena. São João traduz a temática jesuânica de Reino dos Céus exatamente como vida eterna.

A rejeição, por parte dos judeus, de Jesus e de sua mensagem frustrou a realização cósmica do Reino de Deus. Deus, porém, que triunfa na fraqueza e na infidelidade dos homens, realizou o Reino de Deus na pessoa de Jesus. Já dizia Orígenes: Cristo é a *auto-basileia tou Theou,* isto é, o Reino de Deus realizado em sua pessoa. Nele foram vencidos a morte, o ódio, e todas as alienações que estigmatizam a existência humana. Nele se revelou o homem novo (*homo revelatus*), o novo céu e a nova terra. Paulo bem o compreendeu quando feliz exclama: "Ó morte, onde está a tua vitória? Onde está o espantalho com que amedrontavas os homens [...] A morte foi tragada pela vitória" (cf. 1Cor 15,55a.b). Cristo ressuscitou, não para a vida biológica que tinha antes, mas para a vida eterna. O *Bios* está sempre sob o signo da morte, a *Zoé* (vida eterna) se situa no horizonte do Pneuma de Deus indestrutível e imortal[9]. Ressurreição se define então como a escatologização da realidade humana. A introdução do homem como totalidade corpo-alma no Reino de Deus. A presença da *Zoé* eterna dentro do *Bios* finito e humano. A realização total das potencialidades que Deus colocou dentro da existência humana. Com isso se realizou uma utopia que dilacerava o coração humano. Em Jesus Cristo recebemos a resposta definitiva de Deus: não a morte, mas a vida é a última palavra que Ele, Deus, pronunciou sobre o destino humano. Para o cristão não há mais uma utopia, mas uma topia: a vida eterna possui um lugar dentro de nosso mundo, sagrado para a morte, Jesus Cristo ressuscitado. O nosso futuro está aberto, e o fim da história do pecado-graça tem um fim bom, já garantido e atingido. Com isso entrou para a história da consciência humana aquilo que o mundo antigo todo não conhecia, o sorriso da esperança. O mundo antigo conhece sim as gargalhadas de Pan ou de Dioniso embriagado. Retratou o sorriso triste de quem vive sob a Moira. Mas não conhece o sorriso de quem já venceu a morte e goza das primícias da vida eterna. "Porque Jesus ressuscitou dos mortos como primícias dos que morrem" (1Cor 15,20). "Ele é o primogênito entre mui-

---

9. Cf. BULTMANN, R. *Theologie des Neuen Testamentes.* Op. cit., p. 331.

tos irmãos" (Rm 8,29). O que é presente atual para ele será para nós futuro próximo[10].

A ressurreição não é um fato privado da vida de Jesus. É a realização em sua existência da mensagem de global libertação que Ele pregou e prometeu. Ele é a nova humanidade, o novo Adão "no qual todos somos vivificados" (1Cor 15,22). "O Reino já está presente em mistério aqui na terra. Chegando o Senhor ele se consumará", anuncia-nos o Vaticano II (GS n. 39).

## 3. A novidade do homem novo

A novidade do novo homem, irrompida com o evento-ressurreição, reside, como já acenamos, na plenificação de todos os dinamismos latentes dentro da realidade humana de Jesus. Deus não substitui o velho por um novo, mas faz do velho, novo. Como veremos, no próximo capítulo, a capacidade de abertura, de comunicação e comunhão, próprios do homem-corpo, foram pela ressurreição totalmente realizados[11]. Por isso o Ressuscitado possui uma presença, não mais limitada ao espaço e tempo palestinense, mas se estende à totalidade da realidade. Paulo exprime tal verda-

---

10. Esse aspecto de futuro foi revelado de modo especial por MOLTMANN, J. Theologie der Hoffnung. Op. cit., p. 173-179; p. 184-204. • KRECK, W. *Die Zukunft des Gekommenen* – Grundprobleme der Eschatologie. 2. ed. München: [s.e.], 1966, p. 91ss. e p. 203ss. • BOFF, L. *Jesus Cristo Libertador.* Op. cit., p. 283-285.

11. KÄSEMANN, E., na *Zeitschrift für Theologie und Kirche* apreciando o livro de Bultmann, *Theologie des NT*, 59 (1962), p. 282. • GRABNER-HAIDER, A. "Auferstehungsleiblichkeit". *Stimmen der Zeit* 181 (1968), p. 217-222. • Id. Ressurreição e glorificação. *Concilium,* janeiro (1969), p. 58-72.

de dizendo que o Cristo ressuscitado vive agora na forma de Espírito (cf. 2Cor 3,17; 1Cor 6,17; 15, 45; Rm 8,9) e seu corpo sárquico (fraco e limitado pelo espaço e pelo tempo) foi transformado em corpo pneumático-espiritual (cf. 1Cor 15,44)[12]. Afirmando que Cristo é Espírito, Paulo não pensa ainda em termos de Terceira Pessoa da Santíssima Trindade, mas, dentro da compreensão judaica, quer fazer entender as reais dimensões da realidade da ressurreição: assim como o Espírito enche todas as coisas (Sl 139,7; Gn 1,2) da mesma forma, agora, o Ressuscitado. Ele é o *Kyrios,* o Cristo cósmico (cf. Cl 1,15-20; Ef 1,10) e o pleroma (Ef 1,23; Cl 2,9), isto é, aquele elemento pelo qual a totalidade do mundo atinge sua plenitude e o termo de sua perfeição. Esse tema foi com inusitada paixão desenvolvido por Teilhard de Chardin, embora estivesse bem presente no pensamento paulino e em suas comunidades[13]. A fé da comunidade primitiva numa "ubiquidade cósmica" do Ressuscitado foi expressa num ágrafon do Evangelho de São Tomé (grego): "Diz Jesus: onde dois estiverem, não estão sem Deus. Onde alguém está só, eu digo: Eu estou junto dele. Levanta a pedra e tu me encontrarás dentro dela. Racha a lenha e eu estarei lá"[14]. A promessa feita pelo Ressuscitado: "Eu estarei convosco todos os dias até a plenitude dos tempos" (Mt 28,20; cf. 18,20; Jo 14,23) aqui recebe uma concretização

---

12. MEHL-KOEHNLEIN, H. *L'homme selon l'apôtre Paul.* Neuchatel/Paris: [s.e.], 1951, p. 31-37. • BOFF, L. *Jesus Cristo libertador.* Op. cit., p. 226-230.

13. Cf. BOFF, L. *O Evangelho do Cristo cósmico.* A realidade de um mito e o mito de uma realidade. Petrópolis: Vozes, 1971.

14. JEREMIAS, J. *Unbekannte Jesusworte.* 3. ed. Gutersloh: [s.e.], 1963, p. 100-104.

no meio do mundo secular do trabalho. Esse pode parecer sem sentido, e não raro é perigoso e pesado. Para o fiel ele esconde uma glória misteriosa: coloca em comunhão com o Ressuscitado. Ele está presente por tudo e sempre junto dos seus, pouco importa o que façam. O Ressuscitado, existindo em forma pneumática, está livre das cadeias do espaço e do tempo, é total comunhão e presença primeiro em todo o cosmos, de forma mais intensa na Igreja, que é seu corpo (cf. Cl 1,18); de maneira mais densa ainda quando a comunidade reza e salmodia em seu nome; de maneira especial nas ações litúrgicas e de modo particularíssimo no sacramento da Santíssima Eucaristia (cf. *Sacrosanctum Concilium,* n. 7). Com isso viemos a saber que o fim dos caminhos de Deus reside no homem-corpo, totalmente transfigurado e feito total abertura e comunicação[15].

## 4. Conclusão

Muitos outros aspectos de ordem sistemática deveriam ser aqui abordados, como fizeram Durrwel[16] ou K. Rahner[17] em sucessivos ensaios, como por exemplo o aspecto soteriológico da ressurreição, já ressaltado nas primeiras fórmulas

---

15. Cf. METZ, J.B. "Caro cardo salutis. Zum christlichen Verständnis des Leibes". *Hochland* 55 (1962), p. 97-107, esp. p. 97.

16. DURRWELL, F.X. *A ressurreição de Jesus.* São Paulo: Herder, 1969, capítulos V-IX.

17. Dogmatische Fragen zur Osterfrömmigkeit. In: *Schriften zur Theologie.* 6. ed. Einsiedeln, 1967, p. 157-172. • Id. "Auferstehung Christi". *LThK I*, p. 1.038-1.041. • Id. *Sacramentum Mundi* I, p. 403-405; p. 420-425. Cf. tb. VON BALTHASAR, H.U. Mysterium Paschale. *Mysterium Salutis* III/2, p. 133-319.

cristológicas de ressurreição (1Cor 15,3; Rm 4,25; Lc 24,30ss.; At 10,43; 1Cor 15,17), o aspecto futurístico-escatológico, o querigmático e o antropológico, cujas linhas mestras delineamos acima, o sacramental e o eclesiológico. Essa múltipla dimensionalidade está presente nos relatos da ressurreição, que devem ser hermeneuticamente relidos a partir de nossa existência de fé hoje. Em cada aspecto nota-se uma tônica de fundo: a ressurreição significa a verdade e a realização da pregação de Jesus. Ele veio pregar o Reino de Deus, que, fundamentalmente, traduz-se por vida eterna não mais ameaçada pela morte. A ressurreição veio mostrar que isso não é uma utopia humana, mas uma realidade dentro do velho éon. O futuro já está presente como esperança que é um *já agora* embora *não ainda* totalmente realizado. Isso funda um modelo novo de vida para o qual as realidades futuras já se configuram no presente, enchem de um dinamismo novo o homem de fé e lhe permitem ousar tudo porque já sabe que o fim está garantido e este será feliz porque se chama Vida Eterna.

Vejamos, porém, como a fé na ressurreição de Cristo se articula com nosso próprio futuro e com a nossa própria ressurreição.

# V
# A nossa ressureição na morte

A despeito da luz nova trazida pelo clarão do Cristo ressuscitado para o problema da morte humana, ela se apresenta como um fenômeno de extrema riqueza antropológica e teológica[1]. Em sua abordagem transparecem com nitidez os reais pressupostos, ainda que inconscientes e até explicitamente negados, implicados em cada modelo de teologia e de antropologia. A compreensão da morte não é sem

---

1. Sobre o tema refiro apenas a literatura essencial: RAHNER, K. *Zur Theologie des Todes.* Freiburg i.B., 1958. • BOROS L. *Mysterium mortis* – Der Mensch in der letzten Entscheidung. Olten-Freiburg i.B.. 1962. • Id. *Erlöstes Dasein.* Mainz: [s.e.], 1966, p. 89-108. • TROISFONTAINES, R. *Je ne meurs pas...* Paris: [s.e.], 1960. • MARTELET, R.P. *Victoire sur la mort, éléments d'anthropologie chrétienne.* Paris: [s.e.], 1962. • VOLK, H. *Das christliche Verständnis des Todes.* Regensburg: [s.e.], 1957. • GLEASON, R.W. *The World to come.* Nova York: [s.e.], 1958. • Id. "Toward a Theology of Death". *Thougth Fordham Univ. Quart.* 32 (1957), p. 39-68. • LEPP, I. *La mort et ses mystères.* Paris: [s.e.], 1966. • JANKELEVITCH, V. *La mort.* Paris: [s.e.], 1966. • BORDONI, M. *Dimensioni antropologische della morte.* Roma: [s.e.], 1969, certamente o livro que melhor informa sobre a atual problemática filosófico-teológica juntamente com o de LA PEÑA, J.R. *El hombre y su muerte* – Antropologia teológica actual. Burgos: Aldecoa, 1971. • BOLADO, A. "Filosofia y Teologia de la muerte". *Selectiones de Libros* 3 (1966), p. 12ss.; A vida depois da morte, documentação em: *Concilium* 26 (1967); GONZÁLEZ-RUIZ, José-Maria. A caminho de uma desmitologização da "alma-separada", em: *Concilium,* janeiro 1969, p. 73-85; no mesmo n. 86-99 o estudo de Piet Schoonenberg, "Creio na vida eterna". • SCHILLEBEECKX, E. "Leven ondanks de dood in heden en toekomst" (Vida apesar da morte no presente e no futuro). *Tijdschrift voor Theologie* 10 (1970), p. 418-452.

importância para entender a vida humana, o valor ou o desvalor da situação terrestre, como situar a antropologia teológica em função da pastoral e da catequese sobre o sentido da vida, o destino dos mortos, sobre o significado do juízo, do purgatório, da ressurreição e de nossas orações "pelas santas almas benditas"[2]. Esse tema não se apresenta como um entre tantos da teologia. Nem como um capítulo importante da escatologia. Mas como um nó que enfeixa a problemática geral da antropologia no seu sentido mais vasto.

Nossas reflexões querem ser de ordem teológico-especulativa e partem do dado fundamental da fé: o homem é destinado à ressurreição para participar, com a totalidade de sua realidade complexa, na vida eterna de Deus. Essa proposição da fé, assim formulada, apresenta-se sem qualquer mediação antropológica prévia. Apesar disso afirmamo-la por causa da ressurreição de Cristo que é o primogênito dentre os mortos e o primeiro entre muitos irmãos. E aqui começa o questionamento: a ressurreição é puro dom gratuito de Deus, como que vindo de fora e surpreendendo nossa própria realidade? Ou ela realiza um estatuto antropológico do homem, gratuitamente criado nele por Deus, de tal forma que a ressurreição vem ao encontro de um profundo anseio do homem, sem cuja realização a vida, vista teologicamente, não atingiria seu sentido pleno para o qual foi criada? Em outras palavras, colocando o problema em

---

2. Cf. LOCHET, L. "Comme annoncer le mystère de la mort aux hommes de notre temps". *Christus* 9 (1962), p. 183s. • BOROS, L. "Meditationen über Tod, Gericht, Läuterung, Auferstehung und Himmel". *Lebendiges Zeugnis*. Mainz, 1963.

termos de morte-imortalidade-ressurreição: a ressurreição pressupõe a imortalidade da alma (ou do homem) ou a imortalidade da alma pressupõe a ressurreição? Ressuscitamos porque somos imortais ou somos imortais porque ressuscitamos?

## I. Morte e Ressurreição, e sua leitura nas antropologias bíblica e grega

### 1. A solução conciliadora da teologia católica clássica

De antemão podemos avançar o seguinte dado que parece inquestionável: Não pertence ao querigma fundamental do Novo Testamento o tema da imortalidade da alma[3]. O Novo Testamento conhece e professa sua fé na ressurreição dos mortos. A filosofia grega, nomeadamente o platonismo, sob cuja influência esteve a jovem Igreja missionária no mundo helênico, conhece a imortalidade da alma. Mas não conhece nem pode imaginar uma ressurreição. A reflexão na teologia cristã conciliando os *aut-aut* com um *et-et* formulou a seguinte proposição: a alma é imortal. Depois da morte do

---

3. Cf. JEREMIAS, J. "Ades". *ThWNT* 1, p.146-150. • TREMEL, Y. "L'homme entre la mort et la résurrection d'après le Nouveau Testament". *Lumière et Vie* 24 (1955), p. 33-37. • MÉNOUD, P.H. La signification de la mort. In: *L'homme devant la mort*. Neuchâtel: [s.e.], 1952, p. 163ss. • Id. *Le sort des trepasses*. Neuchâtel: [s.e.], 1966. • GRELOT, P. "La théologie de la mort dans l'Écriture Sainte. *La Vie Spirituelle, Supp.* 77 (1966), p. 143ss. • CULMANN, O. Immortalité de l'ame ou résurrection des morts? In: *Des sources de L'Evangile à la formation de la théologie chrétienne*. Neuchâtel: [s.e.], 1969, p. 149-171; • DE LA CUESTA, I.F. El estado de muerte: inmortalidad o resurrección? In: *Liturgia* (Burgos), p. 429-444. • BORDONI, M. La morte nella prospettiva biblica. In: *Dimensioni antropologische della morte*. Op. cit., p. 123-169 com rica bibliografia.

justo, separada do corpo, ela é julgada por Deus e goza de sua presença até o fim do mundo quando será novamente reunida ao corpo agora ressuscitado para com ele gozar eternamente da comunhão com Deus. A doutrina da imortalidade da alma dos gregos foi completada com a outra bíblica da ressurreição dos mortos. Com isso se afirma:

*a)* a morte não é total: atinge apenas o corpo do homem;

*b)* a ressurreição também não é total: atinge tão somente o corpo;

*c)* o homem é fundamentalmente um composto de duas substâncias em si incompletas: corpo e alma. Tomás de Aquino dirá: serão dois princípios que unidos formam o homem uno. A alma é a forma do corpo e mantém uma relação essencial com a matéria. Separada retém da mesma forma essa relação transcendental de tal modo que sempre tende a re-unir-se ao corpo. Separada do corpo vive um estado contrário à sua natureza e por isso violento[4]. Essa tendência não fundamenta ainda a ressurreição do corpo, como alguns querem, mas apenas sua revivificação.

Semelhante combinação efetuada dos padres até os escolásticos abandonou, na verdade, tanto o pensar platônico quanto o bíblico. A filosofia platônica não conhece a valorização do corpo nem aceita que a alma, finalmente livre, possa voltar ao corpo-cárcere *(soma-sema* em grego: Platão, Górgias 47,493 A). Por outro lado, o semita não conhece

---

4. Cf. PALA, G. *La risurrezione dei corpi nella teologia moderna.* Roma: [s.e.] 1963, p. 47-66, esp. p. 56.

uma alma sem corpo, nem possui palavra correspondente para isso. Se ela sobreviver à morte sê-lo-á sempre em forma corporal. Por outro, lado Platão concebe a morte como ascensão para a liberdade e total espontaneidade da alma. Para a Bíblia a morte significa uma *descensio ad inferos* (xeol) onde reina sombra e vida imperfeita.

Essa concepção dualista (mitigada, porém, em Tomás de Aquino) pervadiu toda a antropologia católica[5] com não poucas consequências querigmáticas. A práxis eclesial pregou muito mais a imortalidade da alma que a ressurreição dos mortos. Anunciou com mais frequência um axioma filosófico que uma verdade revelada, que para a Igreja primitiva era indiscutivelmente o centro de todo o anúncio cristão. Esse platonismo depurado entrou nas formulações dogmáticas como a de Bento XII *(Benedictus Deus* de 29 de janeiro de 1336) e a bula *Apostolici regiminis* de 19 de dezembro de 1513 do quinto Concílio do Latrão. Bento XII diz que as almas de todos os santos e de todos os que morreram com o batismo e não têm nada a pagar no purgatório "vão imediatamente após sua morte" para o céu para estar com Cristo e mesmo antes da "reassunção de seus corpos veem a essência divina, com visão intuitiva, inclusive facial, sem a mediação de qualquer outra criatura" (DS 1000). Leão X no Concílio de Latrão canoniza a doutrina platônica da imortalidade da alma contra Pietro Pomponazzi, neoaristotélico averroísta, com a seguinte afirmação:

---

5. Cf. o estado da questão da pesquisa histórica e atual. In: FIORENZA, F. & METZ, J.B. "Der Mensch als Einheit von Leib und Seele". *Mysterium Salutis* II, 1967, p. 584-632, esp. p. 602ss.

"Condenamos e reprovamos todos os que afirmam que a alma intelectiva seja mortal ou a mesma em todos os homens" (DS 1440; cf. 2766, 3771). Não é aqui o lugar de fazermos a hermenêutica de tais afirmações, situá-las dentro das coordenadas da opção antropológica grega e ressaltar o fato de que só dentro do sistema podem ser entendidas corretamente e ganham sua validade teológica. Se o Concílio de Latrão se movesse dentro do horizonte da antropologia semita poderia fazer a afirmação que fez? Certamente em vez de falar em imortalidade da alma, canonizaria a imortalidade da pessoa humana total e não de uma parte dela. Essa interpretação parece, segundo as mais recentes pesquisas[6], revestir de fato a intenção conciliar. M. Schmaus, no seu recente manual de dogmática, diz: "Não há nenhuma declaração do Magistério que defina obrigatoriamente a morte como separação do corpo e da alma. As declarações oficiais querem garantir a continuidade da vida do homem para além da morte, mas não afirmam expressa e formalmente que esta vida deva ser entendida exclusivamente como imortalidade da alma espiritual. Quando os textos do Magistério (especialmente a declaração de Bento XII: DS 1000) afirmam a imortalidade da alma espiritual utilizam uma formulação emprestada do modelo grego de pensar, através do qual era explicada a sobrevivência do homem para além da morte"[6a]. Em todos os casos, nota-se aqui a emergência de duas antropologias diferentes.

---

6. Ibid., p. 617: "A imortalidade é atribuída à alma, porque o homem individual em sua concreção histórica é imortal".

6a. SCHMAUS, M. *Der Glaube der Kirche* II. Munique: [s.e.], 1970, p. 744.

## 2. A morte no pensar platônico e no pensar semita

Porque são duas antropologias diferentes, distintas apresentam-se também as concepções da morte. Basta que tracemos um paralelo, já usado outrora pelos filósofos pagãos contra os cristãos, para darmo-nos conta dessa verdade: a morte de Sócrates com a de Cristo.

Platão com maestria inimitável traça no Fédon a figura soberana de Sócrates frente à morte. A morte é "a separação do corpo e da alma"[7]. Esta anseia libertar-se do cárcere para estar em si mesma e poder contemplar as ideias eternas. Disso se segue que "o filósofo autêntico é o que se exercita no morrer e para quem nada é menos terrível do que a morte"[8]. "Os que filosofam estão em contínua agonia de morrer"[9], "purificando o contato da alma com o corpo na esperança de que Deus mesmo venha romper as ataduras que os unem"[10]. E narra então como Sócrates "tomou o cálice (de sicuta) em seus lábios, e o bebeu com uma tranquilidade e uma doçura maravilhosas"[11]. "Este é o fim de nosso amigo, do homem, podemos dizer o melhor dos homens que tivemos conhecido nesse tempo, o mais sábio, o mais justo de todos os homens"[12].

---

7. Cf. *Platonis Opera*. Oxford, 1961, p. 67 d [Edição de I. Burnet].

8. Ibid., p. 67 e.

9. Ibid., p. 64 b.

10. Ibid., p. 67 a.

11. Ibid., p. 117 c.

12. Ibid., p. 118; cf. DE LA CUESTA. El estado de muerte. Op. cit., p. 431.

Em contraposição a Sócrates temos a morte de Jesus[13]. Ele prevê um fim trágico: "sua alma está triste até à morte" (Lc 26,38). Lucas caracteriza ainda mais: "e cheio de angústia orava com mais instância. E seu suor tornou-se como grossas gotas de sangue, que corriam até à terra" (Lc 22,44). Ele estremece, sente-se só e abandonado pelos seus (Mt 26,40): "Pai, se puderes afasta de mim este cálice" (Mc 14,36). A morte é inimiga do homem a quem tudo está submetido. O autor da Epístola aos Hebreus, com tons existencialistas, nota que Jesus "elevou orações e súplicas com grande clamor e lágrimas Àquele que o podia salvar da morte" (5,7). À diferença de Sócrates, não morre sereno, mas quase às raias do desespero: "dando um grande grito, expirou" (Mc 15,37). Para o semita a morte não é libertação, "formoso risco"[14], como diz elegantemente Platão, mas a grande potência do mal, que entrou por causa do pecado (Rm 5,12), "o último inimigo a ser reduzido ao nada por Deus" (1Cor 15,26).

Essa contraposição releva a diferença profunda entre as duas antropologias e correspondentes concepções da morte. Para o grego platônico o homem não morre totalmente, sua alma é imortal. Para o semita o homem todo inteiro morre ou assume uma forma imperfeita de vida no xeol; porém, para a fé neotestamentária, ele ressuscita todo inteiro. Isso deveremos ver mais minuciosamente.

---

13. Cf. com a bibliografia aí citada: BOFF, L. O sentido da morte de Cristo In: *Jesus Cristo Libertador*. Op. cit., p. 113-133.

14. FÉDON. Op. cit., p. 114 d.

## 3. A experiência da ressurreição de Cristo como novo horizonte para a antropologia

O Novo Testamento jamais prega em seu anúncio central a imortalidade da alma, mas a ressurreição dos mortos como o grande futuro do homem para o após-morte. Essa mensagem não é fruto de uma especulação de ordem antropológica, mas de uma experiência vivida que os levou a exclamar radiantes: "O Senhor ressuscitou verdadeiramente e apareceu a Simão" (Lc 24,34)[15]. Esse fato, porém, trouxe-lhes um enriquecimento antropológico novo: a morte foi vencida e seu poder até agora inquebrantável se revelou ser um espantalho: "Ó morte, onde está a tua vitória? A morte foi tragada na vitória" (1Cor 15,55). Convém notar muito bem, e nisso nos distanciamos de Willi Marxsen e Heinz Robert Schlette: não foi por causa das categorias antropológicas semitas que os fenômenos das aparições e do sepulcro vazio puderam ser interpretados como ressurreição. A ressurreição foi um impacto que surpreendeu os apóstolos e os dominou. De repente "o que ouvimos, o que com nossos olhos vimos, o que contemplamos e o que nossas mãos palparam tocando", o crucificado, morto e sepultado estava diante deles. Não simplesmente revivificado, como alguém que assumira seu cadáver, mas totalmente transfigurado, glorioso e repleto de Deus. Essa experiência originária, que de início foi interpretada dentro das categorias do pensar apocalíptico como elevação do justo sofredor junto de Deus, foi posteriormente inserida

---

15. Para a problemática atual e a exegese crítica sobre os textos de ressurreição cf. o capítulo precedente e todo o número da Revista *Concilium* 60 (1970).

dentro das categorias antropológicas tradicionais do judaísmo[16]. A antropologia semita serviu de material de representação para comunicar aos fiéis a novidade da ressurreição do Senhor. Com isso não se quer dizer que o modelo antropológico semita tenha sido canonizado ou que seja melhor e mais adequado do que qualquer outro antigo ou moderno. Apenas serviu de material representativo com o qual a experiência de ressurreição pôde ser expressa, e assim ter chegado até nós. A novidade antropológica conquistada a partir da ressurreição de Cristo é a seguinte: se Cristo ressuscitou, então nós também haveremos de ressuscitar; Ele é o primeiro e "todos somos vivificados nele" (1Cor 15,20.22; Rm 8,29; Cl 1,18). Sua ressurreição não emerge como um fato isolado, mas se dimensiona universalmente a toda a humanidade, porque Ele é o novo Adão (Rm 5,14).

### a) Categorias antropológicas semitas e ressurreição

Como o Novo Testamento concretiza essa novidade? Que categorias antropológicas servem de meio de comunicação? Há unanimidade entre os exegetas em afirmar que a ressurreição foi expressa não nas categorias gregas de corpo e alma, mas nas semíticas de carne-corpo-espírito[17]. Precisamos deixar isso bem claro. Porque nem sempre quando

---

16. Cf. SEIDENSTICKER, Ph. *Die Auferstehung Jesu in der Botschaft der Evangelisten.* Stuttgart: [s.e.], 1968, p. 31-58.

17. Cf. CARREZ, M. L'hermenéutique paulinienne de la resurrection. In: *La résurrection du Christ et l'exégèse moderne.* Paris: [s.e.], 1969, p. 55-74. • GRASS, H. *Ostergeschehen und Osterberichte.* Goettingen: [s.e.], 1962, p. 146-173. • GRABNER-HAIDER, A. "Auferstehungsleiblichkeit". *Stimmen der Zeit* 181 (1968), p. 217-222.

um semita usa a palavra *corpo* ou *espírito* deve-se entender a mesma coisa, como *corpo* e *espírito*, dentro do modelo grego de antropologia. A mesma palavra *corpo* para um e para outro significa bem outra realidade. Para nós, ocidentais e herdeiros da cultura grega, impõe-se especial atenção, porque em nosso sistema linguístico as palavras *corpo* e *espírito* possuem um significado bem determinado, diverso daquele dos semitas ou do capítulo 15 da primeira epístola de São Paulo aos Coríntios. Nesta epístola Paulo coloca-se diretamente a pergunta: "Como ressuscitam os mortos? Com que corpo voltam à vida?" E responde: "ressuscita-se um *corpo espiritual*" (1Cor 15,35.44). Que significa essa expressão? Corpo não exclui o espírito? Para o nosso pensar, e também para o grego, espírito se contrapõe ao corpo, porque corpo é material e espírito é imaterial. Por que Paulo une duas coisas contraditórias? Porque para ele, bem como para todo pensar semita, *espírito* não se contrapõe a *corpo*[18]. Como veremos pormenorizadamente logo abaixo corpo significa o homem todo inteiro (interior e exterior: 2Cor 4,16; Rm 7,22; corpo e alma) enquanto é comunhão; corpo é o termo mais próximo ao nosso conceito de personalidade. Nesse sentido o homem não *tem* corpo, mas *é* corpo. O homem-corpo pode transformar-se em *carne* pelo pecado. Carne significa a situação humana rebelde contra Deus (Rm 2,28-29). "A carne é fraca" (Mc 14,38), e "suas tendências são a morte" (Rm

---

18. Sobre essa problemática cf.: GELIN, A. *L'homme selon la Bible*. Paris: [s.e.], 1968, p. 9-16. • KÜMMEL, W.G. *Das Bild des Menschen im Neuen Testament*. Zurique: [s.e.], 1948, p. 20-40. • KOEHNLEIN, H.M. *L'homme selon l'apôtre Paul*. Neuchâtel: [s.e.], 1951, p. 31-37.

8,6) que entrou por causa do pecado (Rm 8,12). Paulo chega a falar em *corpo da carne* (Cl 2, 11), isto é, a personalidade humana (corpo) organizada contra Deus (carne; cf. ainda *corpo de pecado* [Rm 6,6], ou *carne do pecado* [Rm 8,3], ou ainda em *corpo de morte* [Rm 7,24]; corpo de humilhação e de desonra [Fl 3,21; 1Cor 15,43]). A carne não pode herdar o Reino de Deus (1Cor 15,50) enquanto que o *corpo* é para o Senhor (1Cor 6,13). Por isso Paulo nunca fala em ressurreição da carne, mas do corpo que deve ser mudado (1Cor 15,51) e transformado (Rm 6,6; 8,23; Fl 3,21) em corpo espiritual. *Espírito* por seu turno, indica o princípio pelo qual o homem se ordena a Deus. Deus mesmo é espírito (ruah), poder e força de vida e de ressurreição: "o *espírito* é que dá a vida e a *carne* para nada serve" (Jo 6,63). Espírito se opõe, não ao corpo, mas à carne: "as tendências da carne são a morte, mas as do espírito são vida e paz" (Rm 8,6). Se Paulo diz que o homem pela ressurreição transformou-se em *corpo espiritual*, isto significa: a personalidade humana, a partir de agora, é totalmente comunhão, abertura, comunicação com Deus, com os outros e com o mundo. O "corpo de carne" sofredor, sujeito às tentações e ao pecado, é totalmente libertado e feito corpo-espiritual. A ressurreição operou esta transformação. Portanto, a verdadeira libertação não reside no abandono do corpo, mas na sua assunção e total orientação para Deus, de tal forma que o homem se torne repleto da realidade divina através da ressurreição. Numa palavra: com a expressão *corpo espiritual* Paulo quer dizer o seguinte: pela ressurreição o homem todo inteiro foi radicalmente repleto da realidade divina e libertado de suas alienações como fraqueza, dor, impossibilidade de amor e de comunicação, pecado e morte. O homem não abandonou nada de seu estatuto antropológico, apenas foi totalmente libertado e penetrado da realidade divina. Isso se chama ressurreição, que deve ser fundamentalmente distinguida de revivificação[19]. O homem ressuscita não para a vida biológica, mas para a vida eterna, não mais ameaçada pela morte. A ressurreição se define então como a escatologização da realidade humana. A introdução do homem como totalidade corpo-alma no Reino de Deus.

Essa certeza desdramatiza a morte, pois ela não é a última palavra que Deus pronunciou sobre o destino humano. Aqui encontramos também o ponto de convergência entre a concepção platônica e cristã de morte: ambos através de caminhos diversos conseguem a mesma serenidade e confiança frente ao mesmo mistério. Sócrates suspira pela morte como condição para a imortalidade da alma. O cristão, a partir de uma ótica diferente, encara com serena alegria a morte, pois desde que Cristo ressuscitou não há mais a segunda morte; a primeira morte se transformou em passagem para a glorificação do Pai (Jo 13,1).

*b) Quando se dará a ressurreição?*

A vida cristã é um estar-com-Cristo, expressão que ocorre 196 vezes no Novo Testamento para exprimir a mais

---

19. Cf. HENGSTENBERG, H.-E. *Der Leib und die letzten Dirige.* Regensburg: [s.e.], 1955, p. 151ss.; p. 249ss.

íntima união do fiel com Cristo ressuscitado e pneumáti-co[20]. Isso implica que "aqueles que se revestiram de Cristo são nova criatura" (2Cor 5,17; Gl 3,27). As forças do século futuro já estão agindo dentro do coração do mundo (cf. Hb 6,5). O batismo, segundo a teologia paulina, faz-nos participar da morte e ressurreição de Cristo (Rm 6,1-11; Cl 2,12). Mais ainda: Deus não só nos "corressuscitou, senão que nos sentou nos céus em Cristo Jesus" (Ef 2,6). Porém, essa vida nova com Cristo em Deus permanece escondida e só será visível na parusia (Cl 3,1-4), que para Paulo era iminente. No início de sua pregação fala de fato da ressurreição dos mortos em termos de futuro próximo (1Ts 4,15-17). Ele mesmo espera poder presenciar ao arrebatamento dos vivos nas nuvens, ao encontro do Senhor (v. 17). Depois, devido aos perigos de morte porque passou (1Cor 15,32; 2Cor 1,8-10; 4,7-12), começa a contar com um possível desenlace. Então coloca-se a questão da existência do homem no intervalo entre a morte e a parusia[21]. Paulo argumenta da seguinte forma: nossa habitação terrestre é o corpo mortal. Se esta habitação desmoronar (morrer), não nos preocupemos porque temos nos céus uma habitação eterna, isto é, um corpo celeste. Na parusia os mortos que estão no Senhor

---

20. Cf. DEISSMANN, A. *Die neutestamentliche Formel "in Christo Jesu"*. Marburg: [s.e.] 1892. • DUPONT, J. *Syn Christo, l'union avec le Christ suivant Saint Paul*. Brugges: [s.e.], 1952. • HOFFMANN, P. *Die Toten in Christus* – Eine religionsgeschichtliche und exegetische Untersuchung zur paulinischen Eschatologie. Muenster: [s.e.], 1966, p. 301-320. • BORDONI, M. *Dimensioni antropologische della morte*. Op. cit., p. 210-234.

21. BENOIT, P. "Ressurreição no fim dos tempos ou logo depois da morte?" *Concilium* 60 (1970), p. 1.289-1.298. • CARREZ, M. "Com que corpo ressuscitarão os mortos?" *Concilium,* op. cit., p. 1.280-1.288.

(cf. Fl 1,23) serão revestidos deste corpo celeste e os que ainda não morreram serão sobrevestidos de tal forma que a nossa mortalidade seja absorvida pela vida (cf. 2Cor 5,1-5). Ele prefere estar entre os vivos e ser sobrevestido a estar entre os mortos já vestidos. Apesar disso "quiséramos exilar-nos do corpo e tomar morada junto do Senhor" (2Cor 5,8). Como é a vida junto do Senhor, exilado do corpo, não fica muito claro no pensamento de Paulo. Certo é que se apresenta mais desejável que a vida no corpo longe dele (2Cor 5,6-8; Fl 1,23)[22]. Paulo parece não ver ele mesmo nitidamente como deva ser a vida dos mortos em relação ao Senhor ressuscitado. Em todos os casos, confessa: "conformemente aguardo e espero, em nada serei confundido; antes, estou inteiramente seguro, como sempre, também agora, de que Cristo será glorificado em meu corpo, ou *pela vida ou pela morte.* Pois para mim a vida é Cristo, e a morte lucro" (Fl 1,20-22). Ele afirma por um lado que a ressurreição, conforme a doutrina comum dos judeus, se realizará no fim do mundo com a parusia do Senhor, por outro acentua que o essencial *já* se realizou nessa vida terrestre pela fé, esperança e batismo; este já nos fez morrer, ressuscitar e estar com Cristo nos céus (Rm 6,1-11; Cl 2,12; Ef 2,6). *Já* agora somos possuidores daquele Espírito que ressuscitou a Jesus dos mortos. "Ele dará também a vida aos nossos corpos mortais" (1Cor 6,14).

---

22. Cf. FEUILLET, A. "La demeure céleste et la destinée des chrétiens. Exégèse de 2Cor 5,1-10 et contribuition à l'étude des fondements de l'eschatologie paulinienne". *RSR* 44 (1956), p. 161-192; p. 360-402.

A mesma dialética entre o presente e o futuro surge no Evangelho de São João. Por um lado afirma-se a ressurreição para o último dia, como os judeus criam (Jo 11,24; 6,39-40.44.54), por outro precisa-se que quem crer em Jesus *já* possui a vida (5,24; 6, 40.47), passou da morte para a vida e *já* não morre mais (11,26; 5,24-25). A escatologia *já* agora emerge como uma realidade presente, porém, ainda não perfeita e acabada: "agora nós somos filhos de Deus, embora ainda não se haja manifestado o que havemos de ser. Sabemos que, quando Ele aparecer, seremos semelhantes a Ele, porque o veremos tal qual Ele é" (1Jo 3,2). Como transparece, tanto em Paulo como em João, verifica-se o deslocamento dos acentos, do futuro para o presente, sem contudo absorver totalmente o futuro no presente. A união com o Ressuscitado aqui na terra é tão íntima que significa uma verdadeira libertação da morte. A sobrevivência da alma, tal como a reflexão da teologia posterior tentou eruir destes textos de ressurreição, parece não ser afirmada por eles. Falam simplesmente em ressurreição que afeta o homem todo. A ressurreição é obra do Espírito que já agora possuímos. Ele manterá a continuidade entre a vida e a morte: "quer vivamos, quer morramos, somos do Senhor" (Rm 14,8). Benoit[23] aventa a ideia de que a morada celeste que nós já agora possuímos no céu não seja individual. Antes, tratar-se-ia do corpo do Senhor ressuscitado. Na terra já estamos inseridos nesse corpo. A morte nos faria participar mais profundamente desse corpo. A total transfigura-

---

23. BENOIT, P. Ressurreição no fim dos tempos...? Op. cit., p. 1.298.

ção do homem individual, porém, viria no final do mundo juntamente com toda a criação (Rm 8,23).

O conceito de ressurreição, como sublinha fortemente Marcello Bordoni, num brilhante trabalho sobre as dimensões antropológicas da morte, não possui tanto, para o Novo Testamento, um caráter cósmico-apocalíptico de repristinação corpórea do homem, devido a uma exigência antropológica. Antes possui um caráter religioso concernente às relações do homem com Deus por Cristo, agora totalmente realizadas como amizade, amor e radical reconciliação. A ressurreição corpórea a se realizar no fim dos tempos seria a plenitude daquilo que na terra já começou e se prolongou para além da morte como um estar-com-Cristo[24]. Contudo, urge observar que 1Cor 15,35-55 não permite semelhante espiritualização do conceito de ressurreição. Os textos abordam *ex professo* e *data opera* o problema da realidade terrestre do homem em relação à ressurreição. A solução que Paulo aí formula, embora ele mesmo quiçá não tenha visto todas suas consequências, articula-se na seguinte proposição: "é preciso que *este* corpo corruptível (a pessoa) se revista de incorrupção, e que *este* ser mortal (pessoa) se revista de imortalidade" (1Cor 15,53). Assim a ressurreição é apresentada como a transfiguração total do homem, de situação terrestre em situação celeste. Deus não substitui o velho pelo novo. Mas faz do velho novo. A ressurreição criou um horizonte antropológico novo para o cristão: não se

---

24. *Le dimensioni antropologische della morte.* Op. cit., p. 233-234.

fala jamais em imortalidade da alma, mas em ressurreição na forma de estar-com-Cristo. Porque estamos em-Cristo, já agora a morte é uma das formas de estarmos com-Ele (2Cor 5,8; Fl 1,23); é uma passagem (Jo 5,24) semelhante à morte de Cristo, passagem deste mundo para o Pai (Jo 13,1) como glorificação (Jo 17,1-2), concernindo o homem todo e não parte dele.

## II. Releitura da ressurreição dentro da antropologia de hoje

A fé na ressurreição de Cristo e sua relevância para nós foi pelo Novo Testamento expressa com as possibilidades que a antropologia semita oferecia. Devemos reconhecer com J. Ratzinger que esta mediação se apresenta extremamente arrojada e generosa[25], traduzindo de forma muito adequada a experiência que os apóstolos tiveram de Jesus como ressuscitado. Como vamos nós, que não somos mais semitas, nem em antropologia nos filiamos às coordenadas de interpretação deles, expressar essa "mesma convicção? A ressurreição é para nós certeza alegre e esperança alviçareira a abrir-nos um futuro desanuviado e absoluto porque cremos: o futuro de Cristo é o futuro da humanidade. Ao vivermos nossa fé na ressurreição de Cristo e dos demais homens, que instrumentos antropológicos utilizamos para a nossa própria compreensão e para fazer-nos entender por aqueles que nos pedem as razões de nossa esperança? (1Pd

---

25. RATZINGER, J. *Einführung in das Christentum*. Munique: [s.e.], 1969, p. 297.

3,15). Há algum entrosamento entre ressurreição e a antropologia, como hoje a concebemos?[26] Paulo encontrou na expressão acima analisada *corpo espiritual* típica de seu horizonte de compreensão antropológica, semelhante inserção. Nós hoje aonde nos situaremos?

## 1. Observação metodológica: a tipicidade do pensar teológico

Antes de abordarmos essa questão, impõe-se uma reflexão sobre a metodologia teológica. Teologia é uma reflexão crítica sobre a experiência cristã de Deus, do homem e do mundo. Portanto, teologia é retrabalhar questionando e refletindo a fé cristã. O positivismo dogmático que se preocupa simplesmente em reconstruir e sistematizar as declarações oficiais do passado e também do presente com os con-

---

26. A literatura antropológica moderna é multidão. Referiremos aqui obras que já fazem trabalho sistemático, isto é, sintetizam as grandes linhas da reflexão. Para o nosso problema são significativas: HENGSTENBERG, H.-E. *Der Leib und die letzten Dinge*. Regensburg: [s.e.], 1955. • WENZL, A. *Unsterblichkeit ihre metaphysische und anthropologische Bedeutung*. Berna: [s.e.], 1951. • VAN PEURSEN, C.A. *Leib, Seele, Geist*. Gerd Mohn: [s.e.], 1959. • VV.AA. *Geist und Leib in der menschlichen Existenz*. Freiburg/Munique, 1961, trabalhos e discussões entre cientistas e teólogos: SAUSGRUBER, K. *Atom und Seele* – Ein Beitrag zur Erörterung des Leib-Seele-Problems. Freiburg: [s.e.], 1958. • GÖDAN, H. *Die Unzuständlichkeit der Seele*. Stuttgart: [s.e.], 1961; "L'ame et le corps". *Recherches et Debats 35*. Paris, 1961. • MAIER, W. *Das Problem der Leiblichkeit bei Jean-Paul Sartre und Maurice Merlau-Ponty*. Tübingen: [s.e.], 1964. • METZ, J.B. "Caro cardo salutis. Zum christlichen Verständnis des Leibes". *Hochland* 55 (1962), p. 97-107. • MOUROUX, J. *Sens chrétien de l'homme*. Paris: [s.e.], 1945. • VV.AA. *A redescoberta do homem* – Do mito à antropologia crítica. Petrópolis: Vozes, 1970. • HARADA, H. "Fenomenologia do corpo. Situação como existência corporal". *Vozes* 65 (1971), p. 21-28. • BOFF, L. "Teologia do corpo: o homem-corpo é imortal". *Vozes* 65 (1971), p. 61-68.

ceitos nelas implicados e o biblicismo que procede com o mesmo método sem o cuidado de repensar seus dados frente à e dentro da experiência da fé como é sentida hoje constituem os dois grandes perigos da teologia[27]. O perigo não é menor àquele tipo de teologia que, sem ficar ela mesma como teologia, no diálogo com outras ciências humanas, perde sua identidade e se torna serva de outras ciências. Desta forma a teologia não repensa mais sua própria experiência, mas a de outro horizonte e assim se perde como teologia ou se afirma como ideologia. Com propriedade, ponderava Heidegger: "Somente tempos que não mais creem na verdadeira grandeza da missão da teologia chegam a ter a perversa ideia de que se possa ganhar e até substituir a teologia através de uma pretensa renovação dela com o auxílio da filosofia (nós diríamos das ciências humanas) e assim articulá-la ao gosto das necessidades do tempo"[28]. Hoje o dialogante principal da teologia não é mais a filosofia no sentido clássico, mas as ciências humanas. E como estas conheceram nos últimos anos um vertiginoso progresso, o perigo para a teologia de perder sua identidade se torna proporcionalmente maior. A interdisciplinaridade na abordagem dos problemas também teológicos não significa nem exige a perda da identidade de cada ciência. O teólogo verá com olhos de teólogo e a partir da experiência da fé a relevância teológica dos dados sociológicos, antropológicos, psicológicos etc. Ele não será (não exclui que também o seja) um an-

---

27. Cf. RAHNER, K. "Philosophie und Philosophieren in der Theologie". *Schriften zur Theologie* VIII. Einsiedeln, 1967, p. 66-87, esp. p. 69.

28. *Einführung in die Metaphysik*. Tübingen: [s.e.], 1953, p. 6.

tropólogo, mas lerá com seus olhos de teólogo a contribuição que a antropologia traz na decifração do mistério humano, donde partem e para onde devem convergir todas as ciências, se não quiserem transformar-se em ideologias. Para o nosso tema isso significa: como a luz da fé na ressurreição e o horizonte antropológico novo, aberto por essa experiência, podem iluminar os dados antropológicos conhecidos e recebidos de outras ciências? De que forma a ressurreição se articula com o princípio-esperança experimentado no homem? Pode a antropologia ver na ressurreição uma relevância para si mesma, no sentido de que a fé articula e explicita aquilo que implícita e latentemente está implicado e já visualizado atematicamente na própria antropologia? Uma teologia que reflete seus próprios conteúdos (e se dá conta em que horizonte hermenêutico são projetados) e a partir daí procura situar-se frente à vasta experiência humana, hoje em dia analisada por tantas ciências, não pode eximir-se de responder ou de pre-ocupar-se com semelhante questionamento. Trata-se de reler a fé na ressurreição dentro de uma outra experiência do mundo e do homem que o teólogo, filho de seu tempo, também faz.

## 2. A personalidade como unidade de dimensões plurais

A descoberta marcante que causou a grande virada antropológica do pensar moderno se verificou com a tematização e a reflexão sistemática sobre a subjetividade humana. O homem se entende por excelência como personalidade. Ele não é um ser entre outros seres no mundo. Ele é o único que na ordem do mundo ex-iste. Os objetos não existem embora sejam. *Ex*-istência quer dizer a capacidade que o ser tem de sair de si e regressar para si (re-flexão) e de ob-jetivar e distanciar-se do mundo. Mais: o homem não se define tanto por aquilo que recebeu, mas por aquilo que se tornou e de forma responsável quis. Daí que *personalidade* não é sinônimo pura e simplesmente de *pessoa* que é o ontologicamente dado e recebido. Mas é formalmente o exercício livre do ser-pessoa[29]. Personalização é um processo que se efetua na história sob a base dos dados da pessoa e da natureza: o existir-no-mundo, em-comunhão-com-outros, com a carga hereditária, cultural e psicológica que herdou e independe dele etc.

Geneticamente o homem procede da evolução animal, mas deixou atrás de si o animal e o ambiente circun-stante típico do animal. Está em busca de seu lugar na natureza e ainda não o encontrou. Resume em si todas as camadas do ser e por ele passa o eixo da evolução ascendente. Mas possui um princípio ou dimensão que continuamente contesta o Bios[30]. Como espírito não está amarrado aos condicionamentos biológicos, mas liberta-se pela liberdade e espontaneidade e quando impossibilitado sublima-os. É um ser-carência: não possui, biologicamente, nenhum órgão especializado. Contudo, faz desta desvantagem biológica sua arma principal: cria instrumentos para modificar o mundo circun-stante e assim elabora culturas e o mundo de segunda

---

29. Cf. para uma orientação LIBÂNIO, J.B. "Modernos conceitos de pessoa e personalidade de Jesus". *REB* 31 (1971), p. 47-64. • BOFF, L. *O destino do homem e do mundo*. Rio de Janeiro: CRB, 1972, p. 43-47.

30. Cf. SCHELER, M. *Die Stellung des Menschen im Kosmos*. 6. ed. Berna: [s.e.], 1862, p. 36ss.

mão[31]. Carrega em si um mundo inconsciente pessoal e coletivo, onde se acumulam todas as experiências bem-sucedidas e frustradas da raça e do processo evolutivo anterior. Leva dentro de si também as experiências que fez no encontro com o Numinoso e o Divino, aquele mistério *tremendum et fascinosum* experimentado com a fascinação do fenômeno Deus[32]. Sua vida consciente revela no compreender, no querer, no sentir e na experiência fundamental do amor e da esperança uma transcendência a todos os atos concretos, experiência essa que se verifica em cada ato. Seu horizonte natural é o ser total e o correspondente à sua radical abertura não é o mundo, mas Deus[33]. Historicamente através do

---

31. Essa perspectiva foi desenvolvida por toda uma corrente de antropologia especialmente por GEHLEN, A. *Der Mensch* – Seine Natur und seine Stellung in der Welt, 8. ed. Frankfurt/Bonn: [s.e.], 1966. • Id. *Anthropologische Forschung.* Hamburg: [s.e.], 1961. • PORTMANN, A. *Zoologie und das neue Bild des Menschen.* Hamburg: [s.e.], 1956. • BUYTENDIJK, F.J.J. *Mensch und Tier.* Hamburg: [s.e.], 1958. • PLESSNER, H. *Die Stufen des Organischen und der Mensch,* 1928. Cf. tb. a elaboração teológica de W. Pannenberg que, sem abandonar o horizonte próprio da teologia e sem fazê-la serva de outras ciências, conseguiu um aprofundamento antropológico-teológico digno de nota: *Was ist der Mensch?* Die Anthropologie der Gegenwart im Lichte der Theologie. Göttingen, 1968, esp. p. 5-13; de forma semelhante para a filosofia, sem torná-la com isso uma sucursal de outras ciências humanas. • ROTHACKER, E. *Philosophische Anthropologie.* Bonn: [s.e.], 1966. • ROMBACH, H. *Die Frage nach dem Menschen* – Aufriss einer philosophischen Anthropologie. Freiburg: [s.e.], 1966. • DE LA PENA, J.R. *El hombre y su muerte.* Op. cit. (nota 1), p. 69-116.

32. Cf. STRAUSS, C.-L. *La pensée sauvage.* Paris: [s.e.], 1962. • NEUMANN, E. *Ursprungsgeschichte des Bewusstseins.* Munique: [s.e.], 1964.

33. É a antropologia de Rahner e de seus discípulos elaborada sob a inspiração do método transcendental: *Hörer des Wortes,* München, 1963; METZ, J.B. *Christliche Anthropozentrik.* München, 1962; na filosofia italiana característico dessa orientação é certamente SCIACCA, M.F. *Acte et Être.* Aubier: [s.e.], 1958. • Id. *L'uomo questo squilibrato.* Roma: Bocca, 1956; uma tentativa de sistematização do pensamento antropológico de Sciacca cf.: BOFF, L. "A filosofia da integralidade de M.F. Sciacca". *Vozes* 1964 em quatro artigos sucessivos.

mito, do logos e do saber científico mostrou a capacidade de sempre elaborar novas sínteses, conservando a mesma identidade humana[34]. Sociologicamente é um ser criador de culturas e sistemas de convivência. Mas não se identifica jamais com eles totalmente nem se esgota em semelhantes concretizações. Há nele uma possibilidade permanente de dinamismo contestatório do realizado e alcançado em vista de um futuro melhor[35].

Em tudo o homem revela um caráter excêntrico e assintótico. É contudo na relação com o mistério absoluto que descobre seu próprio mistério e as verdadeiras dimensões de sua dignidade. Deus se insere não como um alheio dentro de sua experiência. Mas é sua máxima profundidade. Todas as ciências verificam o fenômeno: o homem é um ser aberto à totalidade da realidade. Ele é abertura. Para quem e para que está aberto? Para o mundo? Mas ele se mostra maior que o mundo; modifica-o constantemente em paisagem humana e fraterna; ele não é a resposta adequada ao seu perguntar. Para a cultura? Mas ele cria sempre novas e as utopias constituem o fermento permanente da contestação criadora. A abertura do homem se orienta para um *vis-à-vis*, para uma meta que lhe seja correspondente. A linguagem cunhou a palavra *Deus* para significar a meta total e absolu-

---

34. Cf. JASPERS, K. *Psychologie der Weltanschauungen* – Hermeneutik des Daseins im Sinne einer existentiellen Anthropologie, 1919 [s.n.t.]. • Id. *Vom Ursprung und Ziel der Geschichte.* Hamburg: [s.e.], 1955, p. 14ss.

35. BEHRENDT, R.F. *Der Mensch im Licht der Soziologie.* Berlim: [s.e.], 1962. • BLOCH, E. *Prinzip Hoffnung.* 2 vols. Frankfurt: [s.e.], 1959.

ta da busca insaciável do homem. Deus, nesse sentido, possui um significado antropológico imponderável[36].

Estar aberto para o mundo significa, portanto, estar aberto para Deus. A situação assintótica e ex-cêntrica do homem como um-ser-a-caminho-de-Deus é decifrada, pelas religiões, como um-ser-que-procede-de-Deus e por isso dentro da história um *homo viator* em busca do Absoluto, porque vem dele.

Formalizando o que acabamos de expor, podemos dizer: o homem é um ser em tensão constante entre uma abertura realizada e uma abertura absoluta. Ele está dimensionalizado para a totalidade e, contudo, sempre preso nas estreitezas da situação concreta. O homem se experimenta feito e simultaneamente sempre ainda por fazer; ele é finito e infinito. Essa experiência profunda foi expressa pela filosofia platônica por corpo e alma. Corpo é o homem feito e dado; alma é seu princípio dinâmico com um tropismo insaciável para o infinito. A tragicidade desta concepção consistiu na entificação e objetivação de corpo e alma como duas *coisas* no homem. A experiência porém nos convence que o homem é a unidade de todas as suas dimensões: é o mesmo homem que guarda a sua identidade e unidade de eu em cada uma das dimensões referidas acima. Podemos reter a terminologia *corpo-alma,* porque entrou para nossa

---

36. Cf. PANNENBERG, W. Was ist der Mensch? In: *Disputation zwischen Christen und Marxisten.* München, 1966, p. 179-194, esp. 182s.; • Id. Die Frage nach Gott. In: *Grundfragen systematischer Theologie.* Goettingen: [s.e.], 1967, p. 361-386.

linguagem e para o inconsciente de toda nossa cultura. Contudo, urge perguntar: o que está atrás dessa expressão?

## 3. O homem, unidade corpo-alma

Atrás da expressão *corpo e alma* está a experiência radical da unidade fundamental do homem. Isso porém não quer criar uma identificação pura e simples das várias dimensões humanas. Mas afirma-se que, por exemplo, o corpo não é um objeto ou algo no homem. É o homem todo inteiro, porque a corporalidade faz parte da própria subjetividade humana: "na realidade eu jamais encontro em mim um espírito puro e concreto. Mas sempre, em todo o lugar e em cada momento um espírito encarnado[...] Pertence à essência do espírito humano como espírito sua corporalidade e com isso sua relação para com o mundo"[37]. O estar-no-mundo do homem não é um acidente, mas exprime sua realidade essencial. Daí que podemos dizer com Gabriel Marcel: corpo e alma não exprimem o que o homem *tem* mas aquilo que ele *é*[38]. Em sua totalidade o homem é corporal. Em sua totalidade é também espiritual. Os mais sublimes atos espirituais e místicos vêm por isso marcados pela corporalidade. Da mesma forma as mais primitivas ações corporais são penetradas pelo espírito. Porque no homem só existem um espírito corporalizado e um corpo espiritualiza-

---

37. RAHNER, K., num simpósio sobre *Geist und Leib in der menschlichen Existenz* da Görres-Gesellschaft Freiburg/Munchen, 1961, p. 196-198.
38. MARCEL, G. *Être et Avoir*. Paris: [s.e.], 1935, p. 225. • Id. *Le mystère de Letre*. Paris: [s.e.], 1951, p. 91-118.

do, podemos dizer com razão: quanto mais o espírito é espírito mais se manifesta e penetra a matéria. Quanto mais o corpo é corpo tanto mais se exprime espiritualmente. A unidade corpo-alma no homem é uma das evidências de todas as ciências antropológicas hoje, até da biologia[39], mas especialmente da psicologia das profundezas. Quando o homem diz *eu,* exprime a unidade total de sua realidade corpo-alma e de todas as dimensões de sua existência. Corpo e alma não são portanto duas coisas no homem, mas, como a tradição tomista o viu com muita nitidez, dois princípios, apenas metafisicamente separáveis e distinguíveis do único ser humano. Alma é a subjetividade do ser humano concreto, o que inclui também a dimensão corpo. Corpo é o próprio espírito se realizando dentro da matéria. Não é apenas um instrumento do espírito. É o espírito mesmo em sua excarnação e expressão no espaço e no tempo materiais. Nesse sentido podemos dizer que a alma é visível. Quando olhamos um rosto humano, não vemos apenas olhos, boca, nariz e o jogo dos músculos. Surpreendemos simultaneamente traços finos ou rudes, brutalidade ou humor, felicidade ou angústia, sabedoria ou estultície, resignação ou confiança. O que se vê, pois, não é pura e simplesmente corpo, mas corpo vivificado e penetrado pela alma. Espírito humano é sempre espírito encarnado; não se esconde por detrás do corpo: no gesto, no olhar, numa palavra e mesmo no silêncio pode estar toda a profundidade e o mistério da alma. Com isso, repetimos, não se afirma um nivelamento

---

39. Cf. PORTMANN, A. *Biologie und Geist.* Freiburg: [s.e.], 1963, p. 112-113.

das plúrimas dimensões da realidade humana, mas sua unidade plural que não significa uniformidade nem unicidade. Essas dimensões do homem se estendem não só às relações com sua própria subjetividade ou às relações eu-tu; elas envolvem o mundo e as coisas[40], de sorte que só na totalidade dos relacionamentos o homem experimenta sua verdadeira espiritualidade e corporalidade.

## 4. Aproximação bíblica: o homem, unidade de situações existenciais

Embora não se devam passar por alto as diferenças de concepções antropológicas de nosso tempo com as da Bíblia, podemos contudo notar, em sua intuição fundamental, notável semelhança e parentesco. Nossa visão antropológica, parece-nos, está mais próxima à da Bíblia que a da tradição grega, da qual a teologia ocidental se fez herdeira.

A Bíblia vê o homem numa grande unidade[41]. Ele é todo inteiro em cada uma de suas concretizações fundamentais. As Escrituras não possuem um termo para alma sem corpo, nem para corpo sem alma. Cada conceito que

---

40. Este aspecto foi especialmente analisado por MERLEAU-PONTY, M. *Phénoménologie de la perception.* Paris: [s.e.], 1945, p. 293s. • Cf. SARTRE, J.-P. *L'être et le néant.* Paris: [s.e.], 1943, p. 418-427; p. 365-427. • VAN PEURSEN, C.A. *Leib, Seele, Geist.* Op. cit., p. 127-147.

41. Cf. a principal literatura recente sobre o tema: DUSSEL, E.D. *El humanismo semita.* Buenos Aires, 1969. • GELIN, A. *L'homme selon la Bible.* Paris: [s.e.], 1968. • PIDOUX, G. *L'homme dans l'Ancien Testament.* Neuchâtel/Paris, 1953. • DUBARLE, A.M. "La conception de l'homme dans l'AT". *Sacra Pagina I.* Paris, 1959, p. 522-536. • KÜMMEL, W. *Das Bild des Menschen im AT.* Zurique: [s.e.], 1948.

elas se fazem do homem compreende o homem todo inteiro. Existem as seguintes situações existenciais que são de modo particular refletidas no Antigo e Novo Testamento:

a) *O homem-carne* (em hebraico *basar*, em grego *sarx*): é o homem em sua existência terrestre empírica, gerada em contato com duas carnes que se fazem uma (Gn 2,24). Homem-carne é o homem biológico dos órgãos e dos sentidos que está em contato com a terra. É um ser-carência, sujeito aos sofrimentos e à morte, às tentações e ao pecado (cf. Rm 7). Fala-se em homem-carne quando o homem quiser se realizar só nessa dimensão terrestre, sem sair de si para os outros e para o Grande Outro. É o homem fechado sobre si mesmo em seu orgulho e autocontemplação. Uma existência carnal é para a Bíblia uma existência inautêntica. "Tudo isso é carne" (cf. Gl 5,18-21; 1Cor 1,26; 2Cor 10,5; Rm 8,6ss.; 10,3)[42].

b) *O homem-corpo* (em hebraico *basar*, em grego *soma*): designa o homem todo inteiro enquanto é pessoa-em-comunhão-com-outros (cf. Rm 12,1; 1Cor 7,4; 9,27; 13,1; Fl 1,20). Em muitas passagens "corpo" pode ser traduzido simplesmente por "eu" (p. ex. a fórmula de consagração na missa: "Isto é o meu corpo (eu) que será entregue por vós": 1Cor 13,3; 9,27; Fl 1,30; Rm 12,1). Pertence à pessoa o ser para outra pessoa; por isso homem-corpo designa o homem

---

42. Cf. "Carne". *ThWNT VII.* Stuttgart, 1964, p. 98-151 (E. Schweizer-R. Meyer). • SCHARBERT, J. *Fleisch, Geist und Seele im Pentateuch.* Stuttgart, 1966. • PIDOUX, G. *L'homme.* Op. cit., p. 9-23. • DUSSEL, E.D. *El humanismo semita.* Op. cit., p. 28-30.

em seu relacionamento social e político. Porque significa a pessoa humana em sua totalidade não se pode pensar em sobrevivência do homem sem incluir o corpo. Não há igualmente ressurreição sem corpo[43].

c) *O homem alma* (em hebraico *nefesh*, em grego *psique*): aqui não se pensa em alma enquanto se distingue do corpo. Mas no homem todo inteiro como ser vivente. Alma para a Escritura é sinônimo de vida. Por isso o texto de Mc 8,36 deve ser entendido assim: "Que aproveita ao homem ganhar o mundo se vier a perder sua vida (alma)? Pois que dará o homem em troca de sua vida (alma)?" O homem não tem vida. É vida. Por isso, após a diluição da vida (alma) biológica, permanece ainda o homem-vida, embora sob outra forma. Homem-alma pode significar ainda a pessoa em sua vida consciente como eu. Por isso pode substituir o pronome pessoal (Gn 2,7; 12,5; 46,22; Ex 13,8-9). Daí que homem-alma e homem-corpo são equivalentes. Corpo e alma não se opõem mas exprimem o homem inteiro[44].

d) *O homem-espírito* (em hebraico *ruah*, em grego *pneuma*): designa o homem-corpo-alma enquanto sua existência se abre para Deus, para valores absolutos e se entende a partir deles. Como espírito o homem extrapola os limites de

---

43. Cf. ROBINSON, J.A.T. *The body*. Londres: [s.e.], 1965. ● GELIN, A. *L'homme selon la Bible*. Op. cit., p. 9-16.

44. Cf. LYS, D. *Nèphès* – Histoire de l'âme dans la Révélation d'Israël au sein des Religions proche-orientales. Paris: [s.e.], 1959. ● SCHMID, J. Der Begriff Seele im NT. In: *Einsicht und Glaube*. Friburgo, 1962, p. 112-131 [publ. por J. Ratzinger e H. Fries]; cf. tb KÜMMEL, W. *Das Bild des Menschen im NT*. Op. cit., p. 11-12.

sua existência como carne-corpo-alma para se comunicar com a esfera divina. Por isso é um sinal da transcendência e da destinação divina do homem. Para o Novo Testamento viver no espírito é viver uma existência humana nova no horizonte das possibilidades reveladas pela ressurreição de Jesus, o Senhor. Pela ressurreição o Senhor é o Espírito (2Cor 3,17; cf. At 2,32s.), isto é, Jesus Ressuscitado vive uma existência humana (por isso também corporal) totalmente determinada e repleta de Deus e em total comunhão com a realidade. Daí que Paulo chama o ressuscitado de homem-corpo espiritual (1Cor 15,44). Pela Ressurreição o homem-carne (indigente e inautêntico) é transfigurado em homem-corpo espiritual. Por ela o homem-corpo é totalmente atualizado em suas possibilidades de comunicação não só para com os outros, mas com toda a realidade[45].

e) *Conclusão:* O homem, pois, na antropologia bíblica forma uma unidade: todo ele inteiro é carne, corpo, alma e espírito. Pode viver duas opções fundamentais: como homem-carne e como homem-espírito. Como homem-carne contenta-se consigo mesmo e fecha-se em seu próprio horizonte. Como homem-espírito abre-se para Deus, de quem recebe a existência e a imortalidade. Ele é desafiado a viver uma destas possibilidades existenciais. O Antigo Testamento é a história do ir e vir do homem oscilando entre uma e outra opção. Só aquele que sair de si como Abraão que

---

45. Cf. BIEDER, W. "Pneuma". *ThWNT* VI (1959), p. 357-373, esp. p. 357-360. • MEHL-KOEHNLEIN, H. *L'homme selon l'apôtre Paul.* Neuchâtel/Paris, 1951, p. 31-38. • GRABNER-HAIDER, A. "Auferstehungsleiblichkeit". *Stimmen der Zeit* 181 (1968), p. 217-222, esp. p. 221.

abandona tudo, como Moisés que com seu povo deixa as panelas do Egito e se abrir para o desconhecido de uma aventura, encontra a terra prometida. "Se o grão de trigo não cai na terra ficará só; mas, se morrer, dará muito fruto" (Jo 12,24). "Quem quiser salvar sua vida perdê-la-á; e quem perder sua vida por mim achá-la-á" (Mt 16,25). Por aqui se vê que para a Bíblia tudo no homem é de alguma forma corporal. Pertence ao ser-homem a corporalidade. Pode significar fraqueza, mas também transcendência; pode designar fechamento sobre si mesma (carne), mas também abertura e comunhão (corpo) e radical referência para com Deus (espírito). O corporal é um sacramento do encontro com Deus. Em Jesus Cristo se mostrou que o corpo constitui o fim dos caminhos de Deus e do homem[46]. Em Cristo "habita a plenitude da divindade em forma corporal" (Cl 2,9).

## 5. A consciência histórica da Igreja: o homem é uma unidade imortal

Essa concepção unitária existencial do homem foi interpretada pelo cristianismo encarnado dentro da cultura e língua gregas, de diversas formas[47]. A primeira delas foi pela fórmula natureza-graça. Natureza é o homem como criação, diverso de Deus, em suas potencialidades e com sua sede de infinito. Graça é a situação do homem inteiro inserido no amor de Deus e polarizado na resposta que encontra na comunhão com Deus, em total liberdade e gratuidade.

---

46. Cf. METZ, J.-B. *Caro cardo salutis.* Op. cit., p. 7.
47. Cf. um excelente histórico em *Mysterium Salutis* II, op. cit., p. 602-614.

A graça pressupõe a natureza, não no sentido de ser um andar sobreposto ao outro, mas de exprimir a mesma realidade a partir de uma ótica diferente: a natureza exprime o homem inteiro enquanto se distingue de Deus e está frente a frente a Ele ou até separado dele por uma segunda natureza (como dizia Pascal) rebelde que ele foi criando ao longo de sua própria história cultural. Graça significa essa mesma natureza histórica, redimida de sua situação encurvada e rebelde, penetrada pelo amor de Deus, não mais num frente a frente com Deus, mas num diálogo de amor gratuito, de mútua interpenetração divinizante, de sorte que podemos dizer: a divinização do homem humaniza a Deus e a humanização de Deus diviniza o homem. Essas duas situações existenciais – natureza-graça – da mesma e única realidade humana corresponderiam ao que hebraicamente a Bíblia diria do homem como carne e como espírito. Nunca existiu uma natureza humana histórica sem a ordenação à graça. Não existe graça senão graça de uma natureza. O homem concreto constitui essa unidade natureza-graça. Por outra fórmula exprimiu a consciência do cristianismo histórico, a unidade existencial do homem retratada na Bíblia: corpo-alma. A tradição agostiniana, assumindo as categorias de pensar da filosofia órfica, pitagórico-platônica, interpretou o homem constituído de duas realidades diferentes, corpo e alma. O homem tem um corpo mortal e uma alma imortal, como que castigada a viver no corpo. Santo Tomás de Aquino, assumindo e transformando as categorias da filosofia aristotélica (matéria e forma), formula uma concepção que afirma a radical unidade plural do homem, em consonância com o modelo bíblico. O homem não é constituído pela adição de duas essências díspares corpo-alma. O homem é totalmente corpo e totalmente alma. Corpo e alma ou espírito e matéria não são dois elementos no homem, mas dois princípios que constituem o homem inteiro. O corpo é a realidade do espírito presente e se exprimindo[48]. O espírito é subjetividade do corpo dando-se conta de si mesmo. O magistério da Igreja defendeu sempre a unidade essencial e a totalidade do homem. No Concílio de Viena (1313) utilizando conceitos tomistas estabeleceu-se que a alma racional é a forma do corpo. Com isso se queria dizer que o espírito na matéria emerge na forma de corpo e que o corpo é a realização e expressão do espírito[49]. No quinto Concílio do Latrão (1513) contra o filósofo neoaristotélico Pomponazzi (1464-1525) que afirmava ser o espírito não algo de pessoal, mas de universal, em comum, reafirmou-se que o espírito é a forma singular e individual de cada corpo, fundando uma unidade pessoal. A essa alma que pertence ao corpo o Concílio atribui o caráter de imortalidade. Como J.B. Metz comenta: "A imortalidade é atribuída à alma, porque o homem individual em sua concreção histórica é imortal"[50]. A morte biológica não pode, portanto, significar a diluição total da realidade humana. Já o Novo Testamen-

---

48. Cf. RAHNER, K. "Der Leib als Symbol des Menschen". *Schriften zur Theologie IV*. Einsiedeln, 1967, p. 304-311; aqui p. 305.

49. Cf. LANG, A. *Der Bedeutungswandel der Begriffe "fides" und "haeresis" und die dogmatische Wertung der Konzilsentscheidungen von Vienne und Trient* (Festgabe f. F. Seppelt). Munique, 1953, p. 133-146. • FIORENZA, P.F. & METZ, J.-B. *Der Mensch als Einheit*. Op. cit., p. 616-617.

50. METZ, J.B. *Der Mensch, als Einheit*. Op. cit., p. 617. Cf. em *Geist und Leib in der menschlichen Existenz*. Friburgo, 1961, p. 196-198 [Coleção Ciência e Teologia, 4].

to entende a morte como uma outra forma de estar-com-Cristo (Fl 1,23).

## 6. O homem-corpo, nó de relações com todo o universo

Concebido sempre como corpo vivo e por isso como momento essencial da alma, o homem-corpo apresenta-se como um centro ou nó de relações que de círculo em círculo abarca todo o universo[51]. Esse centro é *personalizado*, isto é, com característicos físico-psíquicos irrepetíveis e próprios a cada subjetividade. Embora particularizado pessoalmente pode *universalizar-se*: os sentidos, os meios de comunicação permitem-lhe estabelecer uma comunhão com todas as coisas: "o nosso corpo se estende até às estrelas"[52]. A personalidade (não a pessoa) é criada na história pessoal e se desenvolve nessa comunhão com os outros homens, com o mundo hominizado e com todo o universo. É o campo onde exerce sua liberdade e vai moldando sua história pessoal responsável. Em sua situação terrestre o homem-corpo-nó-de-relações está sujeito às coordenadas do espaço e do tempo. Essas coordenadas possibilitam a comunicação e a comunhão; mas também a limitam: o espaço e o tempo nos separam e a presença é sucessiva e não simultânea a todas as coisas. Os símbolos e códigos de comunicação ao mesmo

---

51. Esse tema é central no pensamento de A. de Saint Exupéry; cf. por exemplo *Citadelle*. Oeuvres, Gallimard, 1959, p. 958-962 et passim.

52. Cf. POUSSET, E. "La résurrection". *NRTh* 91 (1909), p. 1.031, mas também p. 1.031-1.033.

tempo que comunicam impedem a comunicação porque apresentam-se inevitavelmente ambíguos. Não obstante essa indigência, a personalidade é *essencialmente* comunhão para fora e o simples fato de o homem *ser* corpo vivo o coloca necessariamente numa situação de abertura, contato e relação com o mundo circunstante humano e cósmico.

## 7. A morte como evento biológico e como evento pessoal

À luz desta concepção unitária do homem corpo-alma, que significa a morte? A definição clássica da morte como separação da alma do corpo caracteriza-se por uma grave indigência antropológica, porque apresenta a morte como algo que afeta somente a "corporalidade humana", deixando a "alma" totalmente intacta[53]. Essa descrição considera a morte como um fato biológico: quando as energias biológicas do homem atingirem o ponto zero, então entra a morte. Ademais essa concepção sugere que a morte é algo que sobrevém extrinsecamente à vida: ambas, morte e vida, opõem-se; não existe entre elas nenhuma interiorização recíproca. Por isso que, na definição clássica, a morte é um evento que acontece no fim da vida biológica somente. Contudo, na visão antropológica acima exposta, a morte surge como um evento não tanto biológico, mas como um fenômeno especificamente humano. A morte atinge a totalidade do homem e

---

53. Cf. as críticas articuladas por RAHNER, K. *Sentido teológico de la muerte.* Barcelona: [s.e.], 1965, p. 15-35. • BORÓS, L. *Mysterium mortis.* Op. cit., p. 83-90. • TROISFONTAINES, R. *Je ne meurs pass.* Op. cit., p. 71-96.

não seu corpo somente. Se o corpo é atingido e ele faz parte essencial e constitutiva da alma, então também a alma é envolvida no círculo da morte. Ademais a morte humana não é algo que entra como um ladrão no fim da vida: ela está presente na vida do homem, em cada momento e sempre a partir do instante em que o homem emergiu no mundo[54]. As forças vão se desgastando e o homem vai morrendo em prestações até acabar de morrer. A vida humana é essencialmente mortal, ou como dizia Santo Agostinho: no homem há uma morte vital[55]. A morte não existe. O que existe é o homem moribundo, como um-ser-para-a-morte. Ela não vem de fora, mas cresce e se madura dentro da vida do homem mortal. Desta forma a experiência da vida coincide com a experiência da morte. Preparar-se para a morte significa preparar-se para uma vida verdadeiramente autêntica e plena. Daí que a escatologia não é isolada da vida e projetada para um futuro distante. Mas é um evento de cada instante da vida mortal: a morte acontece continuamente e cada instante *pode* ser o último.

## 8. A morte como cisão

O último instante da morte vital ou da vida mortal tem o caráter de uma cisão, não do corpo e da alma (porque estes não são duas coisas que podem ser separadas, mas apenas

---

54. Conhecida é a frase de Heidegger: "Quando o homem começa a viver já é suficientemente velho para morrer": *Sein und Zeit*. Tübingen: [s.e.], 1953, p. 329.
55. *Confessiones* 1,6: dicam mortalem vitam an morten vitalem néscio.

dois princípios metafísicos), mas entre um tipo de corporalidade limitado, biológico, restrito a um pedaço do mundo, isto é, ao "corpo" e outro tipo de corporalidade e relação com a matéria ilimitado, aberto e pancósmico. Com a morte o homem-alma não perde sua corporalidade, porque esta lhe é essencial, mas adquire outro tipo de corporalidade mais aperfeiçoado e universal. O homem-corpo como nó de relações para com a totalidade do universo pode agora, finalmente, pela primeira vez na morte, realizar a totalidade que já na situação terrestre podia vislumbrar e sentir parcialmente. O homem-alma na morte é introduzido na unidade radical do mundo; não deixa a matéria, nem pode deixá-la porque o espírito humano se relaciona essencialmente com ela. Antes pelo contrário penetra-a muito mais profundamente numa relação cósmica total, desce ao coração da terra (cf. Mt 12,40). A morte é semelhante ao nascimento. Ao nascer a criança abandona a matriz nutritora que aos poucos se foi tornando sufocante. Passa pela crise mais penosa de sua vida fetal, ao termo da qual irrompe para um mundo novo e numa nova relação com ele: é empurrada de todos os lados, apertada, quase sufocada e ejetada para fora, sem saber que após essa passagem a espera o ar livre, o espaço, a luz e o amor[56]. Ao morrer, o homem atravessa semelhante crise biológica como ao nascer: enfraquece-se, vai perdendo o ar, agoniza e é como que arrancado do corpo. Não experimenta ainda o que vai irromper em horizontes mais

---

56. Cf. TROISFONTAINE, R. *Je ne meurs pas.* Op. cit., p. 109.

vastos que o fazem comungar de forma essencial, profunda e perfeita com a totalidade deste mundo[57]. A placenta do recém-nascido na morte não é mais constituída pelos estreitos limites do homem-corpo, mas pela globalidade do universo total. A cisão assume ainda um outro aspecto: marca o termo da vida terrestre do homem, não apenas no seu sentido cronológico, mas principalmente humano. A morte estabelece um termo ao processo de personalização dentro das coordenadas deste mundo biológico e espaçotemporal. A teologia dirá: o último instante de vida e a morte instauram o fim do *status vitae peregrinantis* e o encontro pessoal com Deus.

Se a morte significa um aperfeiçoamento do homem por causa de sua relação mais íntima com o universo, então ela possibilita também a plenitude do conhecer, do sentir, do amar, enfim, da consciência. Como M. Blondel bem o viu, nossa vontade em seu dinamismo interior não se esgota e satisfaz plenamente em nenhum ato concreto: ela não quer só isto e aquilo (*volonté voulue*), mas a totalidade (*volonté voulante*)[58]. A morte significa o nascimento do verdadeiro e pleno querer. O homem conquista enfim sua liberdade, desinibida dos condicionamentos exteriores, da própria carga arquetípica inconsciente, do superego social, das próprias neuroses ou mecanismos coatores. A personalidade, com aquilo que ela em sua história terrestre construiu, pode

---

57. BOROS, L. *Mysterium mortis*. Op. cit., p. 88. • Id. *Erlöstes Dasein*. Op. cit., p. 92-93.

58. BLONDEL, M. *Exigences philosophiques du christianisme*. Paris: [s.e.], 1950. • BOROS, L. *Mysterium mortis*. Op. cit., p. 37-42.

exercer sua liberdade no vastíssimo campo operacional do universo. Joseph Maréchal e Henri Bergson[59] relevaram a mesma estrutura do querer também no conhecer, sentir e recordar. Reina um dinamismo insaciável no homem que o leva a jamais esgotar sua capacidade de conhecer, sentir e recordar. Nenhum ato concreto apresenta-se adequado ao impulso interior. A morte abre a possibilidade para a total reflexão e a imersão no infinito horizonte do ser. A sensibilidade humana, em vida terrestre limitada pela seleção natural dos objetos sensíveis, liberta-se enfim destas peias e pode desabrochar numa capacidade inimaginável de percepções. A morte é o momento da intuição profunda do cerne do universo e da total presença no mundo e na vida. Gabriel Marcel[60] chamou a atenção para o dinamismo imanente do amor humano. Ele define-se como doação e entrega, de tal sorte que no amor só se possui o que se dá. Na condição terrestre o amor jamais pode ser total doação, devido à autoconservação congênita do ser viajor. Morte implica total entrega de nosso modo terrestre de existência. Esse fato possibilita à personalidade entregar-se totalmente na mais pura liberdade. Na morte o homem entra na radical comunhão com toda a realidade da matéria. Os filósofos E. Bloch

---

59. MARÉCHAL, J. *Le point de départ de la métaphysique*. Louvain/Paris: [s.e.], 1922/ 1926, esp. Cahier V. • BERGSON, H. *La perception du changement*. Paris: [s.e.], 1959, p. 1.365-1.392, reelaborado em BOROS, op. cit., p. 43-52.

60. MARCEL, G. *Présence et immortalité*. Paris: [s.e.], 1959. • TROISFONTAINES, R. *De l'existence à l'être* — La philosophie de G. Marcel (Vols. I, II). Paris: [s.e.], 1953.

e G. Marcel[61] tematizaram principalmente a dimensão esperança no homem, que não deve ser confundida com a virtude; é um verdadeiro princípio no homem que dá conta do extraordinário dinamismo de sua ação histórica, de sua capacidade utópica e de sua orientação para o futuro. Não o que e emerge como verdadeiro, mas aquilo que *virá*. O homem jamais é uma síntese completa; seu futuro que vive como dimensão não pode ser manipulado e totalmente revertido num ato concreto. E contudo pertence à própria essência humana. A morte criaria a possibilidade para o *ser* e o *será* se tornarem um *é* pleno: um futuro realizado. A morte como cisão se revela especialmente no momento em que a curva da vida biológica se cruza com a curva da vida pessoal. A primeira curva é constituída pelo homem exterior, que nasce, cresce, amadurece, envelhece e biologicamente vai morrendo em cada momento até acabar de morrer. A outra curva é vivida pelo homem interior: à medida que vai envelhecendo biologicamente, cresce nele um núcleo interior e pessoal, a personalidade.

A doença, as frustrações e as outras energias do homem exterior podem até servir de trampolim para um maior crescimento e amadurecimento da personalidade. Inversamente da curva biológica que vai decrescendo, a curva da personalidade vai crescendo e se abrindo cada vez mais para

---

61. Elaborado principalmente por BLOCH, E. *Prinzip Hoffnung*. 2 vols. Frankfurt, 1959. • MOLTMANN, J. *Théologie der Hoffnung*. München: [s.e.], 1966. • ALVES, A.R. *A Theology of Human Hope*. Washington: [s.e.], 1969. Orientador é também o volume coletivo *Diskussion über die Théologie der Hoffnung*. München: [s.e.], 1967.

a liberdade, o amor e a integração até acabar de nascer. A morte entra quando ambas as curvas se cruzam e cortam. O pleno desenvolvimento do homem interior (personalidade) exige até a morte do homem exterior (vida biológica) para que possa se desenvolver adiante. É por isso que a morte para os santos e os homens de grande individualização da personalidade é vista como irmã, como a passagem necessária para um outro nível de vida pessoal e livre em maior plenitude. Como os cristãos antigos a morte surge então como o *vere dies natalis*: como o verdadeiro nascimento onde o homem realiza plenamente seu ser autêntico para sempre. No decurso da vida, os atos de nossa liberdade pessoal possuem um caráter preparatório e nos educam para a verdadeira liberdade. "Morrendo – dizia Franklin – acabamos de nascer"[62].

## 9. A morte como de-cisão

Se o momento da morte constitui por excelência o instante no qual o homem chega a uma inteira maturação espiritual e a inteligência, a vontade, o sentir e a liberdade podem ser exercidos sem qualquer empecilho e em conformidade com seu dinamismo nativo, então deu-se, pela primeira vez, a possibilidade de uma decisão totalmente livre que exprima a totalidade do homem frente a Deus, a Cristo, aos outros homens e ao universo. O momento da morte rompe com todos os determinismos; o verdadeiro ser do homem escolhe as relações com a totalidade que o constituirão

---

62. TROISFONTAINES, R. *Je ne meurs pás*. Op. cit., p. 118-119.

como personalidade aberta para todos os seres. Imerso no espaço e tempo terrestre o homem era incapaz de exprimir-se totalmente num ato definitivo. Todas as suas decisões eram verdadeiras, mas precárias e mutáveis[63]. Devido à sua ambiguidade constitucional, nenhuma delas podia surgir com caráter definitivo que implicasse por si só céu ou inferno. Na morte (nem antes nem depois), isto é, no momento da passagem do homem terrestre para o homem pancósmico, livre de todos os condicionamentos exteriores, na posse plena de si como história pessoal e com todas as suas capacidades e relações, dá-se uma decisão radical que implica no eterno destino do homem. Nesse momento de total consciência e lucidez o homem conhece o que significa Deus, Cristo e sua autocomunicação, qual é a destinação do homem, suas relações de abertura para com a totalidade dos seres. Agora, então, em conformidade com sua personalidade que ele se criou ao longo da vida, totalizando todas as decisões tomadas, pode decidir-se para a abertura total que implica salvação ou para um fechamento sobre si mesmo que exclui comunhão com Deus, Cristo e a totalidade da criação. Morte significa um penetrar no coração da matéria e da unidade do cosmos. Aqui se realiza um encontro pessoal com Deus e com o Cristo ressuscitado que tudo enche com sua presença, o Cristo cósmico. Agora, numa chance

---

63. Cf. BORDONI, M. L'ipotesi dell'ultima decisione. In: *Le dimensioni antropologische della morte*. Op. cit., p. 85-122. Num outro ensaio, em breve, queremos retornar a esse tema, também no seu aspecto histórico e de sua segurança pastoral. Aqui restringir-nos-emos à intuição central: as obras de Boros e de Troisfontaines popularizaram a ideia, inclusive sua espiritualidade.

otimal, pode o homem decidir-se igualmente numa forma otimal, totalmente livre de coações exteriores e definitiva. Nesse encontro com Deus e com a totalidade acontece o juízo e também o purgatório como processo de purificação radical[64]. Diante de Deus e de Cristo, o homem descobre sua ambiguidade, passa por uma crise derradeira, cujo desfecho é um ato ou de total entrega e amor ou de fechamento e opção para uma história sem outros e sem ninguém. Essa decisão produz uma cisão definitiva entre o tempo e a eternidade e o homem passa da vida terrestre para a vida em comunhão íntima e facial de Deus ou de total frustração de sua personalidade, chamada também de inferno.

## 10. A morte como fenômeno natural e como consequência do pecado

As reflexões feitas até aqui evidenciaram que a morte pertence ao próprio conceito de vida terrestre. Esta é sempre vida mortal ou morte vital. Muito antes que tivesse emergido, na evolução, o homem mortal, já mirravam as plantas e morriam os animais. Esta constatação tem sua importância porque a Bíblia e a teologia apresentam a morte como consequência do pecado do homem. Paulo o diz claramente: "Através do pecado a morte invadiu o mundo" (Rm 5,12; cf. Gn 3). O segundo Concílio de Orange (529), bem como o Concílio de Trento (1546) o relevam com igual

---

64. Cf. BOROS, L. *Mysterium mortis*. Op. cit., p. 138-150. • Id. *Erlöstes Dasein*. Op. cit., p. 97-100. • BOFF, L. "Purgatório: processo de pleno amadurecimento". *Vozes*, maio 1972, p. 67-70.

clareza: a morte é o preço do pecado (DS 372 e 1511). Como se há de entender isso? Parece que a sentença bíblica e conciliar se opõe ao que temos exposto até o momento. Uma reflexão mais atenta ao sentido desta afirmação nos fará compreender a validade das duas posições, uma que afirma a morte como fenômeno natural e outra que sustenta a morte como consequência do pecado. A teologia clássica, à deriva de Santo Agostinho, sempre ensinou que a morte é um fenômeno natural enquanto a vida biológica vai se desgastando até o homem terminar seus dias. Não podemos dizer: o homem não pode morrer (*non posse mori*). Constitucionalmente ele é um ser mortal. Contudo, em virtude de sua orientação originária para Deus e na sua situação matinal, o homem primitivo (Adão) estava destinado à imortalidade. Ele podia não morrer (*posse non mori*). "Quando a fé nos ensina isso", como muito bem diz Karl Rahner no seu célebre ensaio sobre o *Sentido teológico da morte,* "não nos diz que o homem paradisíaco, pelo fato de não haver pecado, teria prolongado indefinidamente a vida terrena. Podemos dizer, sem qualquer reparo, que é evidente que o homem teria terminado sua vida temporal. Teria certamente permanecido em sua forma corporal, porém, sua vida teria chegado a um ponto de consumação e plena madureza a partir de dentro [...] Adão teria tido uma certa morte" (38-39.48). Isso quer dizer: haveria uma cisão entre a vida terrestre e a vida celeste, entre o tempo e a eternidade. Haveria uma passagem. Haveria, então, morte, no sentido explicado acima. Mas essa morte estaria integrada na vida. Devido à harmonia total do homem, ela não seria sentida como perda, nem vivida como um assalto nem sofrida como um despojamento. Seria passagem natural, como natural é a passagem da criança do seio materno para o mundo, da meninice para a idade adulta. Alcançada a madureza interior e esgotadas as possibilidades para o homem corpo-espírito no mundo terrestre, a morte o introduziria para o mundo celeste. Adão morreria como o Pequeno Príncipe de Antoine de Saint-Exupéry: sem dor, sem angústia e sem solidão.

Contudo, devido ao pecado original que afeta todos os homens e também devido ao pecado pessoal, a morte perdeu sua harmonia com a vida. É sentida como um elemento alienador e roubador da existência. É medo, angústia e solidão. A morte concreta e histórica, assim como é vivida (viver a morte e morrer a vida são sinônimos) resulta do pecado. Por um lado, como termo da vida é natural. Por outro, *no modo alienador* como é sofrida, é desnatural e dramática.

A morte implica uma derradeira solidão. Por isso o homem a teme e foge dela, como foge do vácuo. Ela simboliza e sela nossa situação de pecado que é solidão do homem que rompeu a comunhão com Deus e com os outros. Cristo assumiu esta última solidão humana. A fé nos diz que ele desceu aos infernos, isto é, ultrapassou os umbrais do radical vazio existencial, para que nenhum mortal pudesse, de ora em diante, sentir-se só.

O homem pode integrar a morte na vida. Abraçá-la como total despojamento e derradeiro ato de amor como entrega confiante. O santo e o místico, como a história nos mostra, podem de tal modo integrar paradisiacamente a morte no contexto da vida, que não veem mais nela a ladra traiçoeira da vida, mas a irmã que nos liberta e nos introduz na casa da Vida e do Amor. Então o homem é livre e libertado como um São Francisco. A morte não lhe fará nenhum mal porque é passagem para uma vida mais plena.

## III. A RESSURREIÇÃO DO HOMEM NA MORTE

Até aqui não inserimos ainda em nossas reflexões o pensamento da ressurreição, que para a fé cristã não é revivificação de um cadáver, mas a total realização das capacidades do homem-corpo-alma, a superação de todas as alienações que estigmatizam a existência desde o sofrimento, a morte e também o pecado e, por fim, a plena glorificação como divinização do homem pela realidade divina. A ressurreição é a realização da utopia do Reino de Deus para a situação humana. Daí que para o cristianismo não há mais lugar para uma utopia, mas somente para uma topia: já agora, pelo menos em Jesus Cristo, a utopia de um mundo de total plenitude divino-humano encontrou um *topos* (lugar).

## 1. Como se articula a antropologia com a ressurreição?

Como se articula e relaciona nossa fé na ressurreição com o esboço antropológico acima exposto? Há elementos intrínsecos na antropologia que se ordenam a uma possível ressurreição? Parece-nos que podemos afirmar positivamente as duas perguntas e fazê-las proposições: a ressurreição vem responder a um anseio profundo e ontológico do homem por um lado, e por outro a antropologia revela uma estrutura tal que pode articular-se dentro da fé na ressurreição. Ressaltamos acima o caráter ex-cêntrico da existência humana, seu ser e contínuo poder-ser, o fato de um princípio-esperança no homem, causador do pensar utópico e contestatório dentro da história. O homem não é só um ser, mas principalmente um poder-ser. Existe no homem-ser um homem latente que quer se revelar em sua plenitude total: o *homo revelatus*. Os cristãos vimos em Jesus o *homo revelatus* para quem o futuro todo se transformou em presente e se realizou nele a escatologia. Ele é o novo Adão e a nova humanidade. A ressurreição é a resposta ao princípio-esperança do homem. Ela realiza a utopia de total realização do homem da qual sonhava o Apocalipse "onde a morte não existirá mais, nem haverá mais luto, nem pranto, nem fadiga, porque tudo isto já passou", porque todos serão povo de Deus e Deus mesmo estará com eles (21,4). Por outro lado a interpretação da morte, que a antropologia moderna elaborou, coordena-se bem com o conceito cristão de ressurreição. A morte significa a plenificação da personalidade do homem e de suas capacidades estendidas à dimensão do cosmos total. O homem-corpo, como um nó de relações com todo o universo, pode agora realizar-se perfeitamente como comunhão. Ora, pela ressurreição o homem-corpo atinge sua última realidade, porque vem glorificado por Deus. Na ordem concreta não existe destino natural do homem que não seja simultaneamente seu destino sobrenatural. Se a morte é o momento de total redimensionalização das possibilidades contidas dentro da existência humana, então está implicada com isso também sua realização na ordem sobrenatural. Tal fato nos sugere dizer: a ressurreição acontece já na morte[65]. Como a morte significa o fim do mundo para a pessoa, nada repugna que também se realiza aí a ressurreição do homem. Depois da morte o homem entra num modo de ser que abole as coordenadas do tempo e passa para a atmosfera de Deus, que é a eternidade. Já a partir deste ponto de vista se pode dizer que não é compreensível afirmar qualquer tipo de "espera" de uma suposta ressurreição no final dos tempos. Esse final dos tempos cronológico não existe na eternidade. Por isso a "espera" pela ressurreição final é uma representação mental inadequada ao modo de existir da eternidade.

Pela ressurreição o homem-nó-de-relações-com-o-universo é desdobrado totalmente e transfigurado à semelhança de Cristo e como Ele possui uma ubiquidade cósmica. Tudo aquilo que alimentou e tentou desenvolver ao longo de sua existência ganha agora sua melhor florescência. Sua capacidade de comunhão e abertura encontra sua perfeita adequação. Contudo há também uma ressurreição para a morte (segunda), a do homem que se negou à comunicação

---

65. Teólogos que se situam positivamente frente a semelhante questão: TROISFONTAINES, R. Op. cit., p. 248; BOROS. Op. cit., p. 205-207. • Id. *Wann geschieht die Auferstehung?* em Aus der Hoffnung leben. Freiburg: Olten, 1968, p. 31-38. • RAHNER, K. Zum Sinn des neuen Dogmas (Assunção de Maria). *Schweitzer Rundschau* 50 (1951), p. 590. • BETZ, O. *Die Eschatologie in der Glaubensunterweisung.* Wurzburg: [s.e.], 1965, p. 96-101; p. 108. • *A fé para adultos* – O Novo Catecismo. São Paulo: [s.e.], p. 543-545; cf. porém as modificações da comissão cardinalícia, *Suplemento,* São Paulo 1970, p. 74-77. • SCHOONENBERG, P. "Creio na vida eterna". *Concilium,* jan. 1969, p. 86-99. • BENOIT, P. Op. cit. *Concilium,* 60 (1970), p. 1.289-1.298 e outros; cf. especialmente DE LA PEÑA. *El hombre y su muerte.* Op. cit., p. 379-385.

com os outros e com Deus, ao que se enrolou sobre si mesmo a ponto de constituir seu mundozinho fechado. Sua ressurreição é para a absoluta frustração. Nele se desdobram definitivamente as tendências de negação que nutriu e deixou campear em sua existência. Pela ressurreição o homem se abre ou se fecha radicalmente para aquilo que em vida se abriu ou fechou. Por isso a ressurreição não pode ser definida como algo de meramente mecânico ou automático: ela inclui um aspecto decisional e implica as duas possíveis opções dentro do campo da liberdade humana.

## 2. A ressurreição da identidade corporal e não material do homem

Pela ressurreição tudo no homem é transfigurado ou frustrado, o corpo e a alma. Convém observar: corpo não é sinônimo de cadáver que fica nesse mundo após a morte e que se decompõe. Vimos acima que corpo não é um agregado acidental ao homem-alma, mas "uma dimensão indiscernível de mim mesmo", o modo concreto como o espirito se encarna na matéria, acede ao mundo e se autorrealiza. O espirito percebe-se encarnado. Percebe-se contudo não totalmente identificado com a matéria porque pode relacionar-se para além do corpo e com a totalidade dos corpos, nem totalmente distinto dela porque é sempre espirito *encarnado*. A personalidade é essencialmente também material. Por isso a personalidade que ao longo da existência vai se formando dentro do mundo no contexto de suas múltiplas relações vai também criando sua expressão material. O corpo de ressurreição possuirá a mesma identidade *pessoal* e não *material* com aquele que éramos na existência espaçotemporal. Não podemos confundir identidade *corporal* com identidade *material* (da matéria do corpo). A biologia nos ensina que a matéria do corpo se transmuda de sete em sete anos. E entretanto temos a mesma identidade corporal. Agora como adultos somos diferentes, materialmente, do que quando éramos crianças. E apesar disso somos o mesmo homem corporal. Pela ressurreição seremos muito mais diversos ainda e não obstante idênticos pessoalmente a ponto de podermos dizer: eu sou *eu* espírito-corpo. O que ressuscita é nosso *eu* pessoal, aquilo que criamos em interioridade dentro da vida terrestre, *eu* esse que sempre inclui também relação para com o mundo e por isso corpo. Diríamos mais: na ressurreição cada qual ganhará o corpo que merece, que corresponde ao seu eu e que o exprime total e adequadamente. Na terra, nosso estar-no-mundo nem sempre é bem expresso pelo corpo. Ele pode expressar deficientemente nossa interioridade e constituir um empecilho à sua realização na matéria. Ele vem marcado até as suas últimas fibras pela história do pecado e por isso pode *materialmente* desaparecer e voltar ao pó. Agora pela ressurreição o homem é desobstaculizado e irrompe (se for para a vida eterna) a perfeita e cabal adequação espírito-corpo-mundo, sem as limitações espaçotemporais e as alienações da história do pecado. Cada qual a seu modo se exprimirá na totalidade da matéria e do mundo porque o homem assumiu uma relacionalidade pancósmica. O homem, nó de relações de toda ordem, vem transfigurado e totalmente realizado por Deus e em Deus.

Nessa linha de reflexão podemos dizer: a Assunção de Maria, antes de ser algo de exclusivo dela, é um exemplo daquilo que acontece com todos os que já estão com o Senhor (cf. 2Cor 5,6-10). A Constituição Apostólica *Munificentissimus Deus*, de 1950, exprime a esperança de "que a fé na Assunção corporal de Maria ao céu possa tornar mais forte e mais ativa a fé na nossa própria ressurreição"[66]. Embora o documento não tenha a intenção de colocar Maria assunta como exemplar de nossa própria ressurreição na morte, "podemos achar nessa verdade talvez um convite a tentarmos elaborar o sentido da escatologia em geral a partir da verdade concreta e definida da Assunção"[67]. A Constituição *Lumen Gentium* propõe de fato "a Mãe de Deus, já glorificada no céu em corpo e alma, como imagem e primícia da Igreja, que há de atingir a sua perfeição no mundo futuro" (n. 68). Comentando a relação entre Maria e a Igreja, opina um teólogo: "Maria não é a personificação de um estado futuro da Igreja gloriosa, mas sim a expressão pessoal do estado presente da Igreja celestial [...] Maria elevada ao céu exemplifica a vida redimida nos moldes em que ela é já participada pelos santos na glória. Nós que estamos ainda 'prisioneiros do corpo', vemos já à nossa frente o que será a vida nova. *Este estado final foi atingido em Cristo não só por Maria, mas também por aqueles que estão já com o Senhor*[68]. Maria

---

66. AAS 42 (1950), p. 770.

67. FLANAGAN, D. "Escatologia e Assunção". *Concilium,* jan. 1969, p. 125. Tb. SCHMAUS, M. *Der Glaube der Kirche,* II, p. 745.

68. Ibid., p. 127-129. Cf. BETZ, O. *Die Eschatologie in der Glaubensunterweigung.* Op. cit., p. 96-101.

não é, pois, uma exceção, mas um exemplar. Entretanto, aqui conviria repetirmos a reflexão que fizemos acima quando nos referíamos à diferença entre o corpo glorificado do Senhor e o nosso. O mesmo valeria para o corpo transfigurado da Virgem. Seu corpo, à diferença do nosso, não vinha marcado pela história do pecado. Como Imaculada, seu corpo era o sacramento de Deus e da interioridade graciosa de seu espírito. Ele foi o receptáculo da encarnação do Verbo. Embora vivesse no velho mundo, era presença do novo céu e da nova terra. Por isso, parece-nos, por esses motivos teológicos, podermos afirmar que o corpo carnal da Virgem foi transfigurado e não teria passado pelas vicissitudes do cadáver humano que carrega em si a história do pecado pessoal e do mundo e por isso volta ao pó da terra. Nela como em Cristo apareceu o *homo matinalis,* para quem a morte era passagem transfiguradora para o definitivo e o divinamente realizador. À diferença da declaração dogmática da Imaculada Conceição, a Constituição Apostólica *Munificentissimus Deus* em nenhum lugar afirma a exclusividade da Assunção de Maria. Isso nos permite ver esse dogma com uma brecha de penetração para estendermos a mesma graça aos que morrem no Senhor. E realmente, M. Schmaus, teólogo dos mais eclesiais e moderados, diz em seu recente manual de dogmática *A fé da Igreja:* "Não há nenhuma verdade da revelação que se oponha à tese de que o homem, logo na morte, ganhe uma nova existência corporal enquanto seu corpo terrestre é levado à sepultura, cremado ou entregue à decomposição. Semelhante transformação imediata não pode ser provada com absoluta certeza. Mas existem argumentos que tornam essa tese provável"[69].

Esses argumentos foram aduzidos acima. Fundam uma real probabilidade que é muito mais que uma mera possibilidade. É essa probabilidade fundamentada por argumentos da antropologia e da Escritura que amparam a utilização pastoral de semelhante tese, que para muitos cristãos é motivo de alegria serena, de libertação e de renovado engajamento pela causa cristã entre os homens. O mesmo Schmaus argumentava: "Se respondermos que a ressurreição só acontece no fim dos tempos, então essa verdade de fé se torna cada vez mais vazia e perde sempre mais sua força vital. Se devemos esperar milhões ou bilhões de anos, então essa fé vai se diluindo cada vez mais no horizonte da consciência humana. Ninguém pode se representar conscientemente tal espaço imenso de tempo"[70].

## 3. O homem ressuscita também na consumação do mundo

Contudo, essa ressurreição na morte não é totalmente plena: só o homem no seu núcleo pessoal participa da glorificação. O homem, porém, possui uma ligação essencial com o cosmos. Este, na morte do homem, não foi ainda totalmente transfigurado. Só podemos falar em radical ressurreição quando sua pátria, o cosmos, também for trans-

---

69. SCHMAUS, M. *Der Glaube der Kirche*. Vol. II. Munique: [s.e.], 1970, p. 744.

70. Ibid., p. 743.

formada. Por isso, apesar do caráter de plenitude pessoal que a ressurreição na morte possa assumir e apesar da transformação do nó-de-relações-com-o-universo ter de alguma forma atingido também o próprio cosmos, podemos falar ainda em ressurreição na consumação do mundo. Só então Deus e Cristo serão tudo em todas as coisas (Cl 3,11; 1Cor 15,28), de modo especial no homem essencialmente relacionado com o universo.

# VI
# Conclusão

Paulo chamava o homem ressuscitado de corpo-espiritual. Com isso entendia o homem todo inteiro alma-corpo, mas totalmente realizado e repleto de Deus. Como chamaríamos nós ao homem ressuscitado? Utilizando-nos de uma categoria da antropologia baseada no princípio-esperança, talvez pudéssemos dizer: *homo revelatus*. Com a ressurreição se re-velou realizado o verdadeiro homem que estava crescendo dentro da situação terrestre, aquele que Deus realmente quis quando o colocou dentro do processo evolutivo. O homem verdadeiro, em sua radical patência, é só o homem escatológico. Pela ressurreição o poder-ser do homem-ser realizou-se exaustivamente; ele saiu totalmente de sua latência; nele, pois, se revelou o desígnio de Deus sobre a natureza humana, de fazê-la participar de sua divindade com toda a realidade dela, corpo-espírito-aberta-para-a-totalidade. O *Homo revelatus* participa da ubiquidade cósmica de Deus e de Cristo; possui uma presença total: nasce assim o *homo cosmicus*.

Agora, na presente condição espaçotemporal, existe o homo revelatus em sua latência: está ainda preso às categorias deste mundo e vive na condição de *simul iustus et peccator*. A morte liberta-o e lhe possibilita uma penetração mais profunda no coração do cosmos. Pela ressurreição na morte ele participa do Cristo ressuscitado e cósmico. Na consumação do mundo-universo, ele mesmo se potencializará ainda mais porque o cosmos lhe pertence essencialmente.

No termo da vida terrestre, o homem deixa atrás de si um cadáver. É como um casulo que possibilitou o emergir radiante da crisálida e da borboleta, agora não mais presa pelos estanques limites do casulo, mas aberta ao horizonte vasto de toda a realidade. À pergunta fundamental de toda a antropologia – que será do homem? que podemos esperar? – a fé responde jubilosa: vida eterna do homem-corpo-espírito em comunhão íntima com Deus, com os outros e com todo o cosmos. "Passa certamente a figura deste mundo deformada pelo pecado", adverte-nos o Vaticano II, "mas aprendemos que Deus prepara morada nova e nova terra. Nela habita a justiça e sua felicidade irá satisfazer e superar todos os desejos da paz que sobem nos corações dos homens. Então, vencida a morte, os filhos de Deus ressuscitarão em Cristo [...] e toda aquela criação que Deus fez para o homem será libertada da servidão da vaidade [...] O Reino já está presente em mistério aqui na terra. Chegando o Senhor, ele se consumará" (GS, n. 39/318.320).

Como soam consoladoras as palavras do prefácio na missa dos mortos (I), que resumem toda a teologia exposta neste estudo: "Em Cristo brilhou para nós a esperança da feliz ressurreição. E aos que a certeza da morte entristece, a promessa da imortalidade consola. Ó Pai, para os que creem em vós, a vida não é tirada, mas transformada, e *desfeito o nosso corpo mortal, nos é dado, nos céus, um corpo imperecível*".

# Livros de Leonardo Boff

1 – *O Evangelho do Cristo Cósmico*. Petrópolis: Vozes, 1971 [Esgotado – Reeditado pela Record (Rio de Janeiro), 2008].

2 – *Jesus Cristo libertador*. 21. ed. Petrópolis: Vozes, 2011.

3 – *Die Kirche als Sakrament im Horizont der Welterfahrung*. Paderborn: Verlag Bonifacius-Druckerei, 1972 [Esgotado].

4 – *A nossa ressurreição na morte*. 11. ed. Petrópolis: Vozes, 2012.

5 – *Vida para além da morte*. 25. ed. Petrópolis: Vozes, 2009.

6 – *O destino do homem e do mundo*. 12. ed. Petrópolis: Vozes, 2011.

7 – *Experimentar Deus*. Petrópolis: Vozes, 2010. Publicado em 1974 pela Vozes com o título *Atualidade da experiência de Deus* e em 2002 pela Verus com o título atual.

8 – *Os sacramentos da vida e a vida dos sacramentos*. 28. ed. Petrópolis: Vozes, 2011.

9 – *A vida religiosa e a Igreja no processo de libertação*. 2. ed. Petrópolis: Vozes/CNBB, 1975 [Esgotado].

10 – *Graça e experiência humana*. 7. ed. Petrópolis: Vozes, 2011.

11 – *Teologia do cativeiro e da libertação*. Lisboa: Multinova, 1976 [Reeditado pela Vozes, 1998 (6. ed.)].

12 – *Natal*: a humanidade e a jovialidade de nosso Deus. 8. ed. Petrópolis: Vozes, 2009.

13 – *Eclesiogênese* – As comunidades reinventam a Igreja. 3. ed. Petrópolis: Vozes, 1977 [Reeditado pela Record (Rio de Janeiro), 2008].

14 – *Paixão de Cristo, paixão do mundo*. 7. ed. Petrópolis: Vozes, 2011.

15 – *A fé na periferia do mundo*. 5. ed. Petrópolis: Vozes, 1991 [Esgotado].

16 – *Via-sacra da justiça*. 4. ed. Petrópolis: Vozes, 1978 [Esgotado].

17 – *O rosto materno de Deus*. 11. ed. Petrópolis: Vozes, 2011.

18 – O *Pai-nosso* – A oração da libertação integral. 12. ed. Petrópolis: Vozes, 2009.

19 – *Da libertação* – O teológico das libertações sócio-históricas. 4. ed. Petrópolis: Vozes, 1976 [Esgotado].

20 – *O caminhar da Igreja com os oprimidos*. Rio de Janeiro: Codecri, 1980 [Esgotado – Reeditado pela Vozes (Petrópolis), 1998 (2. ed.)].

21 – *A Ave-Maria* – O feminino e o Espírito Santo. 9. ed. Petrópolis: Vozes, 2009.

22 – *Libertar para a comunhão e participação*. Rio de Janeiro: CRB, 1980 [Esgotado].

23 – *Igreja carisma e poder*. Petrópolis: Vozes, 1981 [Reedição ampliada pela Ática (Rio de Janeiro), 1994 e pela Record (Rio de Janeiro), 2005].

24 – *Crise, oportunidade de crescimento*. Petrópolis: Vozes, 2010. Publicado em 1981 pela Vozes com o título *Vida segundo o Espírito* e em 2002 pela Verus com o título atual.

25 – *Francisco de Assis* – Ternura e vigor. 12. ed. Petrópolis: Vozes, 2009.

26 – *Via-sacra para quem quer viver*. Petrópolis: Vozes, 2011. Publicado em 1982 pela Vozes com o título *Via-sacra da ressurreição* e em 2003 pela Verus com o título atual.

27 – *Mestre Eckhart*: a mística do ser e do não ter. Petrópolis: Vozes, 1983 [Reedição sob o título de *O livro da Divina Consolação*. Petrópolis: Vozes, 2006 (6. ed.)].

28 – *Ética e ecoespiritualidade*. Petrópolis: Vozes, 2010. Publicado em 1984 pela Vozes com o título *Do lugar do pobre* e em 2003 pela Verus com o título atual e com o título *Novas formas da Igreja:* o futuro de um povo a caminho.

29 – *Teologia à escuta do povo*. Petrópolis: Vozes, 1984 [Esgotado].

30 – *A cruz nossa de cada dia*. Petrópolis: Vozes, 2011. Publicado em 1984 pela Vozes com o título *Como pregar a cruz hoje numa sociedade de crucificados* e em 2004 pela Verus com o título atual.

31 – *Teologia da libertação no debate atual*. Petrópolis: Vozes, 1985 [Esgotado].

32 – *Francisco de Assis*. Homem do paraíso. 4. ed. Petrópolis: Vozes, 1999.

33 – *A trindade, a sociedade e a libertação*. 5. ed. Petrópolis: Vozes, 1999.

34 – *E a Igreja se fez povo*. Petrópolis: Vozes, 1986 [Reedição pela Verus (Campinas), 2004, sob o título de *Ética e ecoespiritualidade* (2. ed.), e *Novas formas da Igreja:* o futuro de um povo a caminho (2. ed.)].

35 – *Como fazer Teologia da Libertação?* 10. ed. Petrópolis: Vozes, 2010.

36 – *Die befreiende Botschaft.* Freiburg: Herder, 1987.

37 – *A Santíssima Trindade é a melhor comunidade.* 11. ed. Petrópolis: Vozes, 2009.

38 – *Nova evangelização*: a perspectiva dos pobres. 4. ed. Petrópolis: Vozes, 1991 [Esgotado].

39 – *La misión del teólogo en la Iglesia.* Estella: Verbo Divino, 1991.

40 – *Seleção de textos espirituais.* Petrópolis: Vozes, 1991 [Esgotado].

41 – *Seleção de textos militantes.* Petrópolis: Vozes, 1991 [Esgotado].

42 – *Con la libertad del Evangelio.* Madri: Nueva Utopia, 1991.

43 – *América Latina*: da conquista à nova evangelização. São Paulo: Ática, 1992.

44 – *Ecologia, mundialização e espiritualidade.* 2. ed. São Paulo: Ática, 1993 [Reedição pela Record (Rio de Janeiro), 2008].

45 – *Mística e espiritualidade* (com Frei Betto). 4. ed. Rio de Janeiro: Rocco, 1994 [Reedição revista e ampliada pela Garamond (Rio de Janeiro), 2005 (6. ed.) e Reedição pela Vozes (Petrópolis), 2010].

46 – *Nova era*: a emergência da consciência planetária. 2. ed. São Paulo: Ática, 1994 [Reedição pela Sextante (Rio de Janeiro), 2003, sob o título de *Civilização planetária*: desafios à sociedade e ao cristianismo].

47 – *Je m'explique.* Paris: Desclée de Brouwer, 1994.

48 – *Ecologia* – Grito da terra, grito dos pobres. 3. ed. São Paulo: Ática, 1995 [Reedição pela Sextante (Rio de Janeiro), 2004].

49 – *Princípio Terra* – A volta à Terra como pátria comum. São Paulo: Ática, 1995 [Esgotado].

50 – (org.). *Igreja:* entre norte e sul. São Paulo: Ática, 1995 [Esgotado].

51 – *A Teologia da Libertação*: balanços e perspectivas (com José Ramos Regidor e Clodovis Boff). São Paulo: Ática, 1996 [Esgotado].

52 – *Brasa sob cinzas.* 5. ed. Rio de Janeiro: Record, 1996.

53 – *A águia e a galinha*: uma metáfora da condição humana. 48. ed. Petrópolis: Vozes, 2010.

54 – *Espírito na saúde* (com Jean-Yves Leloup, Pierre Weil, Roberto Crema). 7. ed. Petrópolis: Vozes, 2008.

55 – *Os terapeutas do deserto* – De Fílon de Alexandria e Francisco de Assis a Graf Dürckheim (com Jean-Yves Leloup). 13. ed. Petrópolis: Vozes, 2010.

56 – O *despertar da águia*: o dia-bólico e o sim-bólico na construção da realidade. 22. ed. Petrópolis: Vozes 2010.

57 – *Das Prinzip Mitgefühl* – Texte für eine bessere Zukunft. Freiburg: Herder, 1998.

58 – *Saber cuidar* – Ética do humano – compaixão pela terra. 17. ed. Petrópolis: Vozes, 2011.

59 – *Ética da vida*. 3. ed. Brasília: Letraviva, 1999 [Reedição pela Sextante (Rio de Janeiro), 2005, e pela Record (Rio de Janeiro), 2009].

60 – *A oração de São Francisco*: uma mensagem de paz para o mundo atual. 9. ed. Rio de Janeiro: Sextante, 1999 [Reedição pela Vozes (Petrópolis), 2009].

61 – *Depois de 500 anos*: que Brasil queremos? 3. ed. Petrópolis: Vozes, 2003 [Esgotado].

62 – *Voz do arco-íris*. 2. ed. Brasília: Letraviva, 2000 [Reedição pela Sextante (Rio de Janeiro), 2004].

63 – *Tempo de transcendência* – O ser humano como um projeto infinito. 4. ed. Rio de Janeiro: Sextante, 2000 [Reedição pela Vozes (Petrópolis), 2009].

64 – *Ethos mundial* – Consenso mínimo entre os humanos. 2. ed. Brasília: Letraviva, 2000 [Reedição pela Sextante (Rio de Janeiro), 2003 (2. ed.)].

65 – *Espiritualidade* – Um caminho de transformação. 3. ed. Rio de Janeiro: Sextante, 2001.

66 – *Princípio de compaixão e cuidado* (em colaboração com Werner Müller). 4. ed. Petrópolis: Vozes, 2009.

67 – *Globalização*: desafios socioeconômicos, éticos e educativos. 3. ed. Petrópolis: Vozes, 2002 [Esgotado].

68 – *O casamento entre o céu e a terra* – Contos dos povos indígenas do Brasil. Rio de Janeiro: Salamandra, 2001.

69 – *Fundamentalismo*: a globalização e o futuro da humanidade. Rio de Janeiro: Sextante, 2002 [Esgotado].

70 – (com Rose Marie Muraro) *Feminino e masculino:* uma nova consciência para o encontro das diferenças. 5. ed. Rio de Janeiro: Sextante, 2002 [Esgotado].

71 – *Do iceberg à arca de Noé*: o nascimento de uma ética planetária. 2. ed. Rio de Janeiro: Garamond, 2002.

72 – (com Marco Antônio Miranda) *Terra América:* imagens. Rio de Janeiro: Sextante, 2003 [Esgotado].

73 – *Ética e moral*: a busca dos fundamentos. 6. ed. Petrópolis: Vozes, 2010.

74 – *O Senhor é meu Pastor,* consolo divino para o desamparo humano. 3. ed. Rio de Janeiro: Sextante, 2004 [Reedição pela Vozes (Petrópolis), 2010 (2. ed.)].

75 – *Responder florindo.* Rio de Janeiro: Garamond, 2004.

76 – *São José:* a personificação do Pai. 2. ed. Campinas: Verus, 2005 [Reedição pela Vozes (Petrópolis), 2011].

77 – *Virtudes para um outro mundo possível* – Vol. I: Hospitalidade: direito e dever de todos. Petrópolis: Vozes, 2005.

78 – *Virtudes para um outro mundo possível* – Vol. II: Convivência, respeito e tolerância. Petrópolis: Vozes, 2006.

79 – *Virtudes para um outro mundo possível* – Vol. III: Comer e beber juntos e viver em paz. Petrópolis: Vozes, 2006.

80 – *A força da ternura* – Pensamentos para um mundo igualitário, solidário, pleno e amoroso. 3. ed. Rio de Janeiro: Sextante, 2006.

81 – *Ovo da esperança*: o sentido da Festa da Páscoa. Rio de Janeiro: Mar de Ideias, 2007.

82 – (com Lúcia Ribeiro) *Masculino, feminino*: experiências vividas. Rio de Janeiro: Record, 2007.

83 – *Sol da esperança* – Natal: histórias, poesias e símbolos. Rio de Janeiro: Mar de Ideias, 2007.

84 – *Homem*: satã ou anjo bom. Rio de Janeiro: Record, 2008.

85 – (com José Roberto Scolforo) *Mundo eucalipto.* Rio de Janeiro: Mar de Ideias, 2008.

86 – *Opção Terra.* Rio de Janeiro: Record, 2009.

87 – *Fundamentalismo, terrorismo, religião e paz.* Petrópolis: Vozes, 2009.

88 – *Meditação da luz.* 2. ed. Petrópolis: Vozes, 2010.

## CULTURAL

Administração
Antropologia
Biografias
Comunicação
Dinâmicas e Jogos
Ecologia e Meio Ambiente
Educação e Pedagogia
Filosofia
História
Letras e Literatura
Obras de referência
Política
Psicologia
Saúde e Nutrição
Serviço Social e Trabalho
Sociologia

## CATEQUÉTICO PASTORAL

**Catequese**
Geral
Crisma
Primeira Eucaristia

**Pastoral**
Geral
Sacramental
Familiar
Social
Ensino Religioso Escolar

## TEOLÓGICO ESPIRITUAL

Biografias
Devocionários
Espiritualidade e Mística
Espiritualidade Mariana
Franciscanismo
Autoconhecimento
Liturgia
Obras de referência
Sagrada Escritura e Livros Apócrifos

**Teologia**
Bíblica
Histórica
Prática
Sistemática

## REVISTAS

Concilium
Estudos Bíblicos
Grande Sinal
REB (Revista Eclesiástica Brasileira)
SEDOC (Serviço de Documentação)

## VOZES NOBILIS

Uma linha editorial especial, com importantes autores, alto valor agregado e qualidade superior.

## VOZES DE BOLSO

Obras clássicas de Ciências Humanas em formato de bolso.

## PRODUTOS SAZONAIS

Folhinha do Sagrado Coração de Jesus
Calendário de Mesa do Sagrado Coração de Jesus
Folhinha do Sagrado Coração de Jesus (Livro de Bolso)
Agenda do Sagrado Coração de Jesus
Almanaque Santo Antônio
Agendinha
Diário Vozes
Meditações para o dia a dia
Guia do Dizimista
Guia Litúrgico

CADASTRE-SE
www.vozes.com.br

**EDITORA VOZES LTDA.**
Rua Frei Luís, 100 – Centro – Cep 25689-900 – Petrópolis, RJ – Tel.: (24) 2233-9000 – Fax: (24) 2231-4676
E-mail: vendas@vozes.com.br

UNIDADES NO BRASIL: Aparecida, SP – Belo Horizonte, MG – Boa Vista, RR – Brasília, DF – Campinas, SP
Campos dos Goytacazes, RJ – Cuiabá, MT – Curitiba, PR – Florianópolis, SC – Fortaleza, CE – Goiânia, GO
Juiz de Fora, MG – Londrina, PR – Manaus, AM – Natal, RN – Petrópolis, RJ – Porto Alegre, RS – Recife, PE
Rio de Janeiro, RJ – Salvador, BA – São Luís, MA – São Paulo, SP
UNIDADE NO EXTERIOR: Lisboa – Portugal